সময় হল যে যাবার

ঋত ঋশান্ত

বিষয়বস্তু

বিষয়বস্তু

বিষয়বস্তু

অনুক্রমণী

"শেষ কহে, একদিন সব শেষ হবে,
হে আরম্ভ, বৃথা তব অহঙ্কার তবে।
আরম্ভ কহিল ভাই, যেথা শেষ হয়,
সেইখানে পুনরায় আরম্ভ-উদয়।"
-- রবীন্দ্র নাথ ঠাকুর

ভূমিকা

"সময় হলো যে যাবার" আধুনিক তরুন কবি, লেখক ও পরিচালক ঋত ঋশান্ত-এর কবিতার সংকলন। তিনি নিজেকে "সস্তা কবি" বলে সম্বোধন করতে ভালবাসেন এবং হয়ত এর মাধ্যমে বিশেষ কিছু বার্তা দিতে চান। পাঠকদের তার শব্দের লেন্সের মাধ্যমে মানুষের অভিজ্ঞতার একটি অন্তরঙ্গ দৃষ্টিভঙ্গি দেয়। এই সংগ্রহের মাধ্যমে, লেখক জীবন এবং মৃত্যু, প্রেম এবং ক্ষতি, আনন্দ এবং দুঃখের সার্বজনীন থিমগুলি অন্বেষণ করেন। প্রাণবন্ত চিত্রকল্প এবং ভাষার দক্ষতার সাথে, "সস্তা কবি" মানুষের অবস্থার একটি প্রাণবন্ত চিত্র আঁকেন এবং পাঠকদের তাদের নিজের জীবনের প্রতিফলন করতে উৎসাহিত করেন। জীবনের উপর চিন্তাশীল এবং সুন্দর প্রতিচ্ছবি সহ, "সময় হলো যে যাবার" যেকোন কবিতা প্রেমীর জন্য অবশ্যই পড়া উচিত।

Digital Marketed By :

VFS Techno Solutions

A Unit By <u>Vybez Framework Systems Pvt. Ltd.</u>

www.vfstech.info

স্বীকার

আসলে কবিতা বা বলা ভালো সাহিত্য সম্পর্কে আমি এত ক্ষুদ্র যে নিজের প্রথম প্রকাশিত বই "সময় হলো যে যাবার" নিয়ে কিছু বলা দুঃসাহসিক কাজ। আমার নিজের কিছু বিশেষ প্রিয় কবিতা নিয়ে বই টি প্রকাশ করা। কিন্তু আমার সীমাবদ্ধতার কারণে আমার বেশি ভাল লেখা হয়ত অপ্রকাশিত থেকে যাবে। আমার কল্পনা ও ইচ্ছেরা অসীম, কিন্তু আমার লেখনী সীমাবদ্ধ। এই যন্ত্রণা আমাকে আরও বেশি করে লেখার প্রেরনা যোগায়। এ এক ক্রমাগত চলতে থাকা সাধনা, আর এর সাধনাই জন্ম দেয় বিশ্বাস, দায়বদ্ধতা আর জীবনবোধ। এই সাধনা, জীবনবোধ আর দায়বদ্ধতা থেকেই জন্ম নেয় শিল্পী হয়ে ওঠার এক দুঃসাহস।

আমার সীমাবদ্ধতা আছে বলেই নিজেকে "সস্তা কবি" বলতে সহজ বোধ করি।

সকল পাঠকদের কাছে সস্তা কবি-র প্রথম দুঃসাহস টি পড়ে দেখার এবং মন্তব্য করার অনুরোধ ।

ঋত ঋশান্ত (সস্তা কবি) Email : creativehrishant@gmail.com

1. সময় হলো যে যাবার !

মুখোমুখি নীরবে কত কথা হয়ে গেলো,
শেষবার হাত ধরার অধিকার শুধু এলো..
দুজনের বাসনাই অন্তরে সুপ্ত ছিল, একটা ছোট্ট আলিঙ্গন..
অনুভূতিদের কাবুর লড়াই, পিছু টেনে ধরে মন।
তোমার জিভের ডগা ধীরে ধীরে ভিজে উঠছে আবার ?
অনুভূতি ছুঁড়ে ফেলো লাবণ্য, সময় হলো যে যাবার!
তোমার চোখের কোণটা কি চিকমিক করে আসলো ?
নাহ! তোমার ঠোঁট তো তবুও শান্তির হাসি হাসলো..!
চেনা কণ্ঠে বাড়ছে মায়া, কেন বেঁধে রাখছো আমায়?
টলমলে তারাগুলো তাড়া দিচ্ছে, কলার টেনে ধরছে সময়
ভাগ্যরেখা ধরে হেঁটে যাবো বহুদূর, যদি দেখা হয় আবার..
আয়ুরেখায় হঠাৎ তিল উঠেছে, সময় হলো যে যাবার!
মৃদুহেসে পথ বাঁকলো, চারিদিকে হলুদ সিগনাল..
তুমি চেয়ে রইলে এক পলকে চাহিদার মায়াজাল..
মায়া তীর ছুঁড়লে নিশানা করে বিঁধল হঠাৎ বুকে..
ফিরে তাকালাম, .. তুমি তো লাবণ্য, বেশ ভালই আছো সুখে
খানিক দুরত্বেই বদলে গেলো শহর, পুড়লো শপথ তোমার
নীল দিগন্ত আজও হেসে বলে, সময় হলো যে যাবার..!
তুমি বলেছিলে দূরে গেলে আরও টেনে ধরবে তুমি
সেই কথাগুলো আজও তারাদের কাছে শুনি..
হয়তো ভালোবাসার খোঁজে ফিরবে সহস্র শতাব্দী পরে..
ছলছলে চোখে বলবে সেদিন "তুমি অপেক্ষায় ছিলে"? অবশ্যই
লাবণ্য!
সেইদিন পর্যন্ত প্রকৃতি সাক্ষী তোমার আমার, হিসেব লিখুক প্রহরগুলো

এখন, সময় হলো যে যাবার!

২. তোমায় ছাড়াই ছুঁলাম বছর ষাট

তোমায় ছাড়াই ছুঁলাম বছর ষাট
চামড়া গুলো কুঁচকে হেসে ওঠে।
চোখের তলে আলকাতরা জমাট
শুকনো গাছে রঙিন ফুল ফোটে ।।
মনে পড়ে? বছর চল্লিশ আগে
দাঁড়িয়ে ছিলে খয়েরী শাল গায়ে ।
স্বপ্নে তোমার সেই রূপটাই জাগে
ঠোঁটের নিচে প্রেম লুকোতো ভয়ে ।।
সাদা পায়জামায় কাদার চিন্হগুলো
আজও কেমন আগের মতোই ছেটে ।
বৃষ্টি ভেজা পথ, মনে আছে বলো?
সেই পথেই আজও, ব্যথা-পায়ে যাই হেঁটে ।।
হঠাৎ সেদিন কালবৈশাখী হলো
তোমার সাথে শেষবারের দেখা ।
সেই বিকেলে সন্ধ্যে ঘনিয়ে এলো
তোমার কাছেই একা বাঁচতে শেখা ।।
তোমায় ছাড়াই চল্লিশ বছর পার
নাতির সাথে একলা নদীর ঘাট ।
থুরথুরে সব অনুভূতি ছারখার
তোমায় ছাড়াই ছুঁলাম বছর ষাট !
মাথার তালু ছুঁয়েছে কপাল আজ
ক্যালেন্ডারে ফিকে হয়ে স্মৃতি থাক

হারিয়ে গেছে বীরপুরুষের সাজ
ভাঙ্গা চোয়ালে তোমার নামের ডাক।
আশির দশক বুকে তুফান তোলে
ধুলোমাখা চিঠি জেগে ওঠে রাতে
অপেক্ষা করি তুমিই আসবে বলে
মৃত্যুদিনে ঝরবে ফুল মুলাকাতে।
আর ভাসিনি প্রাণ হারানো প্রেমে
থেমে এলো পুরনো ঘড়ির সময়
জ্যোৎস্না রাতে চাঁদ আসেনি নেমে
বাস্তব মানে সাংসারিক অভিনয়।
তোমার বুঝি পাক ধরেছে চুলে?
ঝোড়ো মাথায় আমার স্মৃতি জমে?
অন্ধ চোখে হাসবে বটে ছুঁলে
দৃষ্টিশক্তি নিশ্চই এসেছে কমে?
সেই যে পড়েছি প্রথম প্রেমে তোমার
উঠতে পারিনি, বলবো বলো কাকে?
নাতিটা এখন বড্ড বোঝে আমায়
গল্প শোনার প্রত্যাশাতে থাকে।
আজ কেমন ঝাপসা লাগে চোখ
বয়সের দোষ নাকি তোমার অভাবে?
এইতো সেদিন কত অভিযোগ
কই? তুমি আর ডাকোনা তো ওভাবে!
এইতো কদিন আগেই ছিল দিন
হঠাৎ করেই রাত্রি নেমে এলো
মায়া তো সেই কবেই কাটিয়েছি
ভালোবাসা শুধু স্মৃতি রেখে চলে গেলো!
অভ্যেস ঠিকই হয়েই গেলো বলো?
তোমায় ছাড়া এই বেদীতে বসার
দুজনেই, অবশেষে অন্যকারো হলো

বুড়ো প্রেমিকের বেড়েছে ব্লাড প্রেসার।
এবার তবে ফিরে যাই বাড়ি আজ
অপেক্ষায় আছে অস্থির এক বুড়ি
সাক্ষী থাকুক ঘাটের বয়স্ক গাছ
মনে পড়ে যাক হঠাৎই বয়স কুড়ি।
আমরা চলো আবার জন্ম নেবো
এবার, শক্ত করে ধরবো তোমার হাত
আর কটাদিন ঠিক সহ্য করে নেবো
তোমায় ছাড়াই ছুঁলাম বছর ষাট!

৩. পালিয়ে আসা লোক

এই শহরে বাণিজ্য হয়, ভালোবাসা কেনাবেচা
এই শহর মৃত্যু চিনে ভুলেই গিয়েছে বাঁচা।
শহর জুড়ে তাসের ঘর, ঝোড়ো হাওয়া বয়ে যায়,
ভাঙ্গা গড়ার তো অভ্যেস আছে, সময়ের অপচয়।
তুমি এখন কাঁদতে শিখেছো ঘরময় স্মৃতি ছায়া,
এই অবস্থা কঠিন জানি, ছাড়িয়ে এসেছি মায়া।
তোমার গল্প পড়েছি আমিও, চোখের কোণে শোক,
আমি এই শহর চিনে পালিয়ে আসা লোক!
সব গল্পেই লোহার প্রাচীর জং ধরা হৃদ-দ্বার
সিস্টেমেটিক গোলকধাঁধা সবাই পুতুল তার।
এই শহরেই হাসতে চাওয়ার সকলে সুযোগ পায়,
চোখের কোণে সমুদ্রে এঁকে অবসাদে পাড়ি দেয়।
যুদ্ধ ক্ষেত্রে সামিল হয়েছো প্রতিপক্ষ কিছু নেই,
ভাঙ্গা তলোয়ার তোমার আমার খুন করি নিজেকেই।
তোমার স্বপ্ন আমিও দেখেছি, আমিও গিলেছি ঢোক
আমি এই শহর চিনে পালিয়ে আসা লোক!

4. ইতির শেষে নাম

ইতির শেষে নাম কি লিখবো আর
সুতোয় সুতোয় গিঁট পাকানো টান
ছেঁড়া সহজ হয়তো একটিবার
নীরবে থাকুক লক্ষ অভিমান!
পুরনো স্মৃতি ভাসছে ছবির ঘর,
মন কেমনের এলোমেলো লেখা বই,
সম্পর্ক সব চাইছে হতে পর
আটকে রাখতে পারছি আমি কই!
মনের ভেতর কাটাকুটি কত কথা
সহজ সরল ঠোঁট জানেনা কিছু
আমার হৃদয় ক্রমাগত কিছু ব্যথা
ভুল ভাঙিয়ে ডাকবোনা আর পিছু!
আপনজনেরা লিখছে নতুন বই
সূচীপত্র আমি ছাড়া মরুচর,
চিঠির শেষে শুভেচ্ছা জানিয়ে সই
অভিমান সব বড্ড ভয়ংকর।
তোমরা সবাই বাঁধছো নতুন ঘর
সেই ঠিকানায় হদিস আমার নেই,
আমার বুকে গড়াচ্ছে পাথর
দরজার খিল শক্ত হলো যেই।
মাটির ওপর শিকড় কাটা গাছ
রোদের আশায় রাত কাটাচ্ছে ফের
তপ্ত শরীর পোহাচ্ছে না আঁচ
অভ্যেস জানে শেষ নেই তর্কের।

আগুন নিয়ে খেলতে লাগে বেশ
হয়তো আজও শিক্ষা হয়নি তাই
আমার একার একলা মহাদেশ
তারস্বরে তোমারই গান গাই।
ভুল বোঝার কি কারণ লাগে আর
বানিয়ে নাও তোমার কারখানায়
সারিয়ে তুলতে যায় কি আসে কার
আমায় ভুলতে নতুন ঘর বানায়।
হলো'না লেখা ইতির শেষে নাম
ভালো থাকতে ইচ্ছে হয়না আজ,
সুখগুলো সব ঝড়ায় চোখের ঘাম
তাইতো বলি বাঁচলে একলা বাঁচ।

5. আবছা কেবল

আবছা কেবল ভর্তি জলের গ্লাস
তোমার পিপাসা হিংস্র মরুদ্যান,
কালচে কেবল অর্ধ পোড়া লাশ
তোমার চুলের গোড়ায় বোনা প্রাণ।
আবছা কেবল চশমা ভেজা চোখ
আমার হৃদয় নোনা জলের ঢেউ,
নষ্ট কেবল তোমার শরীর-বুক
লুকিয়ে ছায়ায় মন শুকোতে যেও।
আবছা কেবল তোমার উতল ঠোঁট
চাহিদাগুলো তীব্র আকার ভেদ;
শূন্য কেবল তোমার চোখে পথ
গন্তব্যে যাওয়া আমার মনের জেদ।
আবছা কেবল তোমার চোখের স্রোত
বইটা পুরো সূক্ষ্ম কলমে লেখা,
খসড়া কেবল তোমার মনের জট
আমার নিশানা সরলরেখায় আঁকা।
আবছা কেবল আয়ুরেখায় তিল
সময়ের স্রোতে জীবন বয়ে যায়,
আঁধার কেবল তোমার দেখা দিন
ঝলমলে আলো মৃত্যুকে ভয় পায়।
আবছা কেবল তীব্র যৌন সুখ
কাটাকুটি করে ভালোবাসার কথা লেখা
নষ্ট কেবল তোমার শরীর মুখ
চোখ বুজলেও পাই যে তোমার দেখা।

আবছা কেবল তোমার ঘরের কাঁচ
জানলা জুড়ে শূন্য কথার ভিড়,
ভস্ম কেবল প্রেমের পোড়া আঁচ
আমার দিকে লক্ষ ব্যথার তীর!
আবছা কেবল সীমান্তে ওড়া চিল
বিবেক তোমার গল্প লিখে নেয়,
শূন্য কেবল শান্তি আটক খিল
আকাশের পানে পায়রা উড়ে যায়।

৬. আমি দাঁড়িয়ে যুদ্ধক্ষেত্রে

একদিন নিশ্চয়ই মিটিয়ে দেবো তোমার ভালোবাসার সুদ
ঝিনুকের মত পড়ে আছি সৈকতে, হৃদয়ে একগুচ্ছ বারুদ।
রোদে পুড়েছে মুখ আর বুকে হিংস্র দাবানল,
তোমার উষ্ণতায় এই বৃহৎ সাগরেও শুকিয়ে গেছে জল।
আমি দাড়িয়ে যুদ্ধক্ষেত্রে তুমি অবয়ব এই রাতে
নিজেই নিজের প্রতিপক্ষ হয়ে, শূন্য পিস্তল হাতে।
ওই যে জ্বলে উঠছে আগুন তোমার চোখের তীক্ষ্ণতায়
পালানোর পথে তুমি কাঁটা ছড়িয়েছ, আমি লড়াকু বাধ্যতায়।
মরে যাওয়ার ভয় নেই, ভয় কেবল যদি প্রাণ হারাই
কোনো অস্ত্র কি নেই শেষমেশ ? নিরুপায় হয়ে হাত বাড়াই।
দিশেহারা হয়ে চেয়ে আছি চারিদিক শূন্য
তোমার ঠোঁটে ভেজা রঙ তুলি হয়তো আমারই জন্য।

৭. এই আগুন নিভবে না

এই আগুন নিভবে না।
বারুদ আর গোলাপের ঘ্রাণ ছুটে আসছে তোমার শরীর থেকে।
আমার দুচোখে দমকল বাহিনী এসে থামলো। আমিও জানি।
এই আগুন নিভবে না।
দাবানলের চেয়েও দ্রুত ছড়িয়ে পড়ছে তোমার দেহের মানচিত্রে।
মৃত্যুমুখী হৃদয় স্পন্দনগুলো কড়া নাড়ছে বারংবার।
গোলাপের পাপড়িগুলো শুকিয়ে এসে ক্ষমা চাইছে আমার কাছে।
আমি ঘি হাতে বসে তোমার শরীর ছাই হওয়ার অপেক্ষায়।
তুমি অ্যাসিডের মত উবে গেলেও, আমি জানি।
এই আগুন নিভবে না।

৪. এছাড়াও কিছুই করার নেই

এই ধ্বংস হওয়া শহর যেন কষ্ট তৈরির কারখানা
এই রাত্রিবেলায় মৃতদেহের বিবেক গড়া নেই জানা
কালশিটে চোখে যেই তাকাবে বলবে রাস্তা ঐযে দ্যাখ
এই কুয়াশায় হাত বাড়ালে পাবে আমার কঙ্কাল এক।
মহাশূন্যে আমি নিখোঁজ হয়ে তোমায় খুঁজে নিরুদ্দেশ
অন্ধকারে মিলিয়ে যাচ্ছি আলো খোঁজার নেই অভ্যেস
এছাড়াও কিছুই করার নেই, কাছে পেয়েও তোমায় ধরার নেই
তুমি তোমার মত বোঝাও আমায়, আমার কিছুই জানার নেই!
এছাড়াও কোথাও আদর নেই, শীতের রাতে গায়ে চাদর নেই
আমি আমার মত বাঁচতে চেয়েছি, তোমার কাছেও কদর নেই!
তবু যে কটা দিন ভালো কেটেছিল, সেটুকুই থাক
ঘৃনা ভীষণ হলেও যেটুকু সুখ ছিল, সেটুকুই থাক! (২)

৯. লক্ষ কোটি কিলোমিটার

ফাঁকা স্টেশনে পুড়ে যাওয়া রেলগাড়ি ছাড়লো বলে
আমি খালি হাতে বহুদূর ভ্রমণে যাচ্ছি চলে।
পেছনে দেখি তুমি দাড়িয়ে, চোখ মুছে অবশেষে,
বিদায় জানালে।
লক্ষ কোটি কিলোমিটার, ফেলে রেখে তোমাকে আর,
প্রিয় গিটার।
ফিরে আসা নেই, নেই কোনো টান,
যাচ্ছি চলে নিয়ে অভিমান, গেয়ে এই গান।
যাচ্ছি চলে, যাচ্ছি চলে,
কাউকে না বলে যাচ্ছি চলে দূরের সফরে।
লক্ষ কোটি কিলোমিটার,
না নিয়েই প্রিয় গিটার,
তোমায় ছেড়ে।

---

১০. যদি কোনোদিন

যদি কোনোদিন মনে পড়ে, যদি কোনোদিন দু চোখ ভরে
দেখতে ইচ্ছে করে, আমাকে তোর।
না কেউ ছিল তোকে ছাড়া, না কেউ তোর অলিখিত কবিতারা
শুধু তুই ছিলি হৃদয় জুড়ে, দিন রাত ভোর।
ও.. তোর দেখানো স্বপ্ন আর ভাঙছেনা আমার ঘুম
হয়তো ভাঙবেও না আর জাগবোনা আমি এখন।
এবার তুই দেখ দু চোখ খুলে। আজাদ তুই-ও আমায় ভুলে,
আমি লাশ হয়ে যাচ্ছি পুড়ে, আগুনে তোর।
না কেউ ছিল তোকে ছাড়া, না কেউ তোর অলিখিত কবিতারা
শুধু তুই ছিলি হৃদয় জুড়ে, দিন রাত ভোর।
প্রথম দেখা তোর আমার বেড়ে চলেছিল হৃদস্পন্দন
শেষ দেখায় মনে হলো মনে নেই তো আমার মন।
হঠাৎ স্পন্দন থেমে গেলো, হৃদয় একা হয়ে রয়ে গেলো
চলে গেলো সে বহুদূরে, স্তব্ধ প্রহর।
না কেউ ছিল তোকে ছাড়া, না কেউ তোর অলিখিত কবিতারা
শুধু তুই ছিলি হৃদয় জুড়ে, দিন রাত ভোর।
যদি কোনোদিন মনে পড়ে, যদি কোনোদিন দু চোখ ভরে
দেখতে ইচ্ছে করে, আমাকে তোর।
না কেউ ছিল তোকে ছাড়া, না কেউ তোর অলিখিত কবিতারা
শুধু তুই ছিলি হৃদয় জুড়ে, দিন রাত ভোর।

১১. পুরনো শহর

মন পড়ে থাকে আজও সেই এলোমেলো গলিগুলোয়
চার দেওয়ালের মাঝে হৃদয় ভিজে ওঠে কালো আলোয়।
কতদিন চেনা মুখগুলো ভেসে ওঠেনা প্রিয় আকাশে
শহরে রাত নামে আর শরীরে জ্বলে আগুন খুব ফ্যাকাশে।
নিরবতায় বন্দী ফিরে পাওয়ার সময় শেষ
অবশেষে ফুরিয়ে যায় বাঁচতে চাওয়ার বয়স!
মন ফিরে যায় বারবার পুরনো শহরে, জলছবি এঁকে
পথ ভুলে যাই বারবার তবুও আসি ফিরে শত উল্লাস ঢেকে।
পুরনো পাড়া জুড়ে সন্ধ্যে নেমে আসে পরাধীন
এখনও ঠোঁট পুড়ে যায়, সঙ্গী শুধুই নিকোটিন!
মন পড়ে থাকে আজও সেই এলোমেলো গলিগুলোয়
চার দেওয়ালের মাঝে হৃদয় ভিজে ওঠে কালো আলোয়।
যৌবন চুরি হয়ে যায় ক্রমশ বিদায় নেয় প্রিয় সময়
কিছু ছবি স্মৃতি হয়ে ভেসে ওঠে শহরের আঙিনায়।
ঐ চেনা শহরেই আমার বসবাস আজও স্পষ্ট যেমন ঘড়ির
হয়তো সবার কাছে অচেনা, বয়স বেড়ে যাওয়া এই শরীর।
মোমবাতি নিভে যায় বন্ধুরাও নিরুদ্দেশ
সময়ের আগুনে ছাই আমাদের বয়স!
মন ফিরে যায় বারবার পুরনো শহরে, জলছবি এঁকে
পথ ভুলে যাই বারবার তবুও আসি ফিরে শত উল্লাস ঢেকে।
পুরনো পাড়া জুড়ে সন্ধ্যে নেমে আসে পরাধীন
এখনও ঠোঁট পুড়ে যায়, সঙ্গী শুধুই নিকোটিন!
মন পড়ে থাকে আজও সেই এলোমেলো গলিগুলোয়
চার দেওয়ালের মাঝে হৃদয় ভিজে ওঠে কালো আলোয়।

কতদিন চেনা মুখগুলো ভেসে ওঠেনা প্রিয় আকাশে
শহরে রাত নামে আর শরীরে জ্বলে আগুন খুব ফ্যাকাশে।

১২. গোলাপ

অপেক্ষার আজ হয়েছে শেষ
আমার ইচ্ছেগুলো কঙ্কাল
তোমার জন্য আদুরে গোলাপ
হয়তো শুকিয়ে যাবে কাল।
তোমায় দেখা আর হলোনা
নিরবেই বাড়ি ফিরে যাই
তোমার নামের কেনা গোলাপ
না পুড়েই হলো ছাই।
যন্ত্রে জেতা খানিক সময়
নষ্ট সবই পরাধীনে
সুখটানেতেই তোমায় খুঁজি
তোমার নামের নিকোটিনে।
শূন্যতা নিয়ে দাঁড়িয়ে ছিলাম
সঙ্গে খানিক অভিমান
এলোনা তুমি একটিবারও
অপেক্ষার অবসান!

13. অপূর্ণতা ভালোবাসি

ভালো রাখার চেষ্টা ছিল শুধু
খারাপ কিছু গল্প মাখা ঢেউ
ভালোবাসা বিক্রি হতো রোজই
ভালো তবু থাকতে দিলনা কেউ।
ভালো রাখার স্বপ্ন ছিল যত
নয়তো ছলনা ছিল কোনও
দুচোখে মিথ্যে বিঁধে তির
ভালো থাকা হলনা কোনোদিনও!
ভালো থেকো বলেই পালিয়ে গেলে
রাখতে তুমি পারলে নাতো আর
তুমিও তবে গুছিয়ে নিও জীবন
ভালো চাওয়া অভ্যেস তবু আমার!
দ্যাখো তোমার দুহাতে জমছে শীত
গল্পকথায় উষ্ণ প্রেম লেখা
ভালো আছি বলছো মিথ্যে হেসে
জীবন মানে পুরোই মরীচিকা।
ভালোবাসা দিলোনা পথ দেখিয়ে
অন্ধকারে জ্বললো নাতো আলো
আয়নায় নির্বাক আমি তাকিয়ে
অবশেষে বাসলোনা কেউ ভালো!
ভোর হতে সময় লাগবে অনেক
রাতের মশাল নিভবে এই বুঝি
সকাল হলে খুঁজতে এসো আমায়
আমি রোজ আঁধারেই তোমায় খুঁজি।

ভালো রাখার দায়িত্ব ছিল কাঁধে
একে অপরের সাক্ষী দুটো চোখ
তারার আলোয় বিশ্বাস ভেঙে গেলো
তাই সকালগুলো একাকীত্বের হোক!
ভালো থাকা আবার শিখবে তুমিও
ভালো আছি বলে মিথ্যে হাসি
ভালোর সংজ্ঞা বুঝে গেছি আমিও
তাই এখন অপূর্ণতা ভালোবাসি।

14. জীবন গল্পের মত

নির্জনতায় একাকীত্বের মিছিল
তোমার সঙ্গে লুপ্তপ্রায় স্মৃতি
দরজায় ভালো করে দিই খিল
ঘরে নোনাজল টানুক ইতি!
কেউ কি তবে শূন্যতায় নিখোঁজ?
দাগ লেগে আজও এই জামায়
নিরবতা তবু গিলতে থাকে রোজ
হাত নেড়ে ব্যস্ততা ডাকে আমায়!
এ কেমন ঝাপসা শহরতলী
দুচোখে তখন শ্রাবণ মাস
তোমায় এক অজানা গল্প বলি
লিখছি আজি নিজের ইতিহাস।
দুচোখে কেবল স্বপ্নতরী বাই
তখন অত বুঝিনি বাস্তবতা
সে ভ্রমণের নাগাল আজও নাই
স্বপ্ন বোধহয় শুধুই বিলাসিতা।
প্রেমে সেদিন আঁধার ঘনিয়ে এলো
জানোই তো অন্ধ আমি নই
হঠাৎ তবে ছিনিয়ে কে গো নিলো?
তোমার জন্য বাঁধিয়ে আনা বই!
চরিত্র বদলে মঞ্চে উঠে দেখি
জীবন হাসছে লুকিয়ে কোণায় বসে
কপালে ভয়ের ভেজা চিন্হ আঁকি
মঞ্চ ঘিরে প্রচুর তারা খসে।

মুখে কেমন বিরক্তি মাখা ছাপ
ছেড়ে গেছে সহ চরিত্র যত
শোকের আঁচড়ে ভুলেছি সংলাপ
পুরো জীবন গল্পের মত!
অভিনয় যেমনই হচ্ছে হোক
সবশেষে হাততালি গুলো শুনি
ভাবনারা হয়েছে যে দর্শক
এ রঙ্গ শেষ হবেনা জানি!
তোমার সঙ্গে দেখেছি দুচোখ মেলে
দরিয়ায় ক্রমাগত কিছু ঢেউ
ছুটে গেলে আবারও একা ফেলে
তুমি বোধহয় সত্যিই অন্যকেউ!
চোখে আগুন বুকে টাটকা ছাই
আমি সেদিনের যাত্রা করা লোক
পরেরবারও হবে ঐ মঞ্চেই ঠাঁই
জীবন একেকটা তলিয়ে যাওয়া নরক!
শত্রু যত ভিড় করেছে বুকে
নিজের সাথে লড়াই হবার পর
যুদ্ধবিমান দাড়িয়েছে পথ রুখে
হারিয়েছে নিজের যত্নে বাঁধা ঘর।
বারবার খুব পুড়তে লাগে ভয়
বারংবারই জ্বলছে নয়া লাশ
হাততালি পেতেই পুনরায় জন্ম হয়
নিজেই নিজের লিখছি ইতিহাস!

15. ছিলে তুমি

এলোমেলো কোনো বাতাসে তোমার গন্ধ ভেসে আসেনা তো আর
বাকি কথা সেরে ফেলে নাও,
সময় হলো যে যাবার এইবার।
কিছু প্রেম বন্দীই থাক প্রেমিকার চোখের কালো কাজলে
ছাড়া পেলে যদি উড়ে যায়
তুমি চোখ ভিজিওনা জলে।
কখনও যেনো না কাঁদায় আমার অনুপস্থিতি তোমাকে
কাছে থাকা যদি হয় তবে চলে যাওয়ারও তো নিয়ম থাকে।
ছিলে তুমি চেনা অধ্যায় আমার গল্পটায়
ছিলে তুমি লেগে আমার তাসঘরের কোণায়
থাক সেই শীতের সকাল,
ছোঁবে না হাত দুটো গাল
মনে পড়বে কি কখনও আমায়!

আজও বুঝতে পারলেনা আমাকে আর না বলা ভাষাকে আমার
কত অভিমান জমেছে আজও কোনো হিসেব নেই যে তার।
তবে কি আজ বড্ড অসহ্য হয়ে উঠেছে আমার স্থান
নিজেকে লোকাও কোথায়?
আড়াল করো আমার অবদান।
কেউ কি খুব কাঁদতো পড়ে আমার জীবন এক গল্প হলে
হাসিমুখে সবকটা দিন বলছি তোমায় ছাড়াও দিব্বি চলে।
ছিলে তুমি চেনা অধ্যায় আমার গল্পটায়
ছিলে তুমি লেগে আমার তাসঘরের কোণায়
থাক সেই শীতের সকাল,

ছোঁবে না হাত দুটো গাল
মনে পড়বে কি কখনও আমায়!

—————————————

একটা আস্ত প্রেমের দিন যদি উপহার চাইতাম তোমার কাছে
অবহেলা বিরক্তি নেই শুধু দুচোখ ভর্তি ভালোবাসা রাখা আছে।
ছিলে তুমি চেনা অধ্যায় আমার গল্পটায়
ছিলে তুমি লেগে আমার তাসঘরের কোণায়
থাক সেই শীতের সকাল,
ছোঁবে না হাত দুটো গাল
মনে পড়বে কি কখনও আমায়!

16. আর হয়না

সেই এলোমেলো ইচ্ছেরা বন্দী ঘরে মৃত আজ..
ছুঁড়ে ফেলে দেওয়া কিছু স্বপ্নদের অগোছালো সাজ!
গুছিয়ে নিয়েছি ধুলোমাখা জীবন ব্যস্ততায় ডুবে..
এই তীব্র সুবাস হয়তো কখনও তোমাকেও ছোঁবে!
অনুভূতিরা জড়ো হয়ে ঠোঁটের কোণায় করেনা বায়না
সেই আগের মত কথার সাগরে ডুব দেওয়া আর হয়না!
তরতাজা কলমটাও আজ স্বেচ্ছায় চায় ছুটি..
নিদ্রায় ডুবে মন স্বপ্ন ভাঙার ভয় জেগে চোখদুটি।
জীবন প্রায় কেটে যায় কাটেনা কেবল মানুষের মায়া..
হয়তো শরীরগুলোই বেশি দামী, মূল্যহীন শুধু ছায়া!
কানের পর্দা স্থির আজ তোর নালিশগুলো শোনা যায়না..
অনুভূতিরা মুখোশে লুকোয় ভয়, প্রকাশ আর পায়না!
নীরবে চোখ বুজি কোলাহল ভিড় করে আসে বুকে..
হারানো কত মায়া জমিয়ে আজ ভালই আছি সুখে।
আমাদের স্বপ্ন আমায় চেপে ধরে, তোকে হয়তো খুঁজে পায়না
গোধূলি আলোয় শ্যামেরঘাটে আমাদের দেখা আর হয়না!
ভুলে গেছি বলেও, হয়তো সত্যি কখনও ভোলা যায়না
কাউকে নতুন করে আগলে নিলেও ভালোবাসা আর হয়না!

17. কিছু গান কিছু কথা

বেলা বোসের জীবনীও অঞ্জনহীন, তোমার আর দোষ কোথায়!
কিশোর ছেলের অপেক্ষার কারণ আজও জানেনা রুবিরায়..
খোলা চুলে চৌকাঠে হয়তো আসেনা আর নীলাঞ্জনা..
বিদায়বেলায় আজ সবাই এসেছে শুধু তুমি এলেনা..
হয়তো তুমি এখনও আকাশের ঠিকানায় চিঠি লেখো
ভালোবাসার হাল ছেড়ে বলো, ভালো আছি ভালো থেকো..
অলির কথায় যেমন বকুল হাসে, তোমার স্মৃতি আমায় ডাকে..
আমি "আফসোস" ! তুমি আর কোথায় পেলে সেই আমাকে..
প্রেমের খিদেয় হাজার জনেরা, তোমার ঘরে বসত করে..
ভিড়ের মাঝে যেনো আমিও থাকি, যাও পাখি বলো তারে..
অসহায় নিরুপমাও শেষ দিনে করতে পারেনি ক্ষমা
বাজে গিটারে সুর বেজে ওঠে, চলে এসো প্রিয়তমা..
আয়ুব জানলোনা সেই তুমি কেনো এতো অচেনা হলে..?
নচিদার নিকোটিন ঠোঁটি আজও ডেকে ওঠে "ও পৌলমী" বলে!
যখন আজও তুমি পথের বাঁকে নিরবে এসে দাড়াও..
তুমি কি আজও আগের মতই আমায় চোখে হারাও?
খুঁজেছি তবু রাত বিরেতে, হালকা আলোয় ভিজিনি..
তোমার আমার অবুঝ প্রেম আমি আজও বুঝিনি!
তোমার শিরায় রাবীন্দ্রিক প্রেম, তুমি সুখেরও সন্ধানে যাও..
নিঃস্ব করেছো আমায়, হারানো দিনগুলো ফিরিয়ে দাও!
কেউবা চিঠি হাতে কত কথা নিয়ে কলেজের গেটে অপেক্ষায়..
অনিন্দ্য-র আজও মনের জোর, এভাবেও ফিরে আসা যায়
ঝিন্টি আজও একলাঘরে বৃষ্টি হওয়ার স্বপ্ন দেখে যেই..
আজও ছুটে গিয়ে দরজা খুলে দেখি তোমার দেখা নেই..

সেই রাতে খুব কাছে তুমি, রং ছিল ফাল্গুনের হাওয়াতে..
মনের চোরাগলি খুঁজি তবু তোমার সামনে প্রেমপত্র হাতে
কফি হাউসে স্যাঁতস্যাতে আড্ডা, গড়াগড়ি খায় হাওয়া..
এই নশ্বর জীবনের মানে হয়তো তোমাকেই শুধু চাওয়া..
আজ ঠোঁটের কোলাজ, কাজ থামালোনা, আমি হেঁটে গেলাম!
কল্পনায় কত আঁকিবুকি, মন তোমাকে ছুঁয়ে দিলাম..
তখন আমি একুশ, তোমার হয়তো আঠেরো বছর হবে
মনে পড়ে? প্রেম একবারই এসেছিল নিরবে!
রঙনার পাড়া আজ শান্ত ভীষণ প্রেমহীন অক্সিজেন..
এ তুমি কেমন তুমি একাকী স্টেশন চত্বরে! ফ্যাকাশে লাস্ট ট্রেন!
জামরুল গাছের হলুদ পাখি কেউ জানেনা ফিরবে কিনা..
Inspired হতে পারো, দেবো ঘৃনা, ঘৃনা শুধু ঘৃনা..
তুমি ডুবেছো অনুপমে, আমি চোখের কালো চাই আজও
তোমাকে তোমার মত থাকতে দিয়েছি, জল ফড়িং খোঁজো?
কত কথা বলা হলোনা, ভুলিনিতো আমি সেই হাসি আর স্বর
তুমি বরং ভুলতে শেখো অন্যকারোর সঙ্গে বেঁধ ঘর..
ভালোবাসি বিষাক্ত মানুষকে, আমি রূপমদার ভক্ত তাই..
ব্রহ্মাণ্ডের প্রতিটি ধুলোয় লিখে দেবো শুধু তোমাকে চাই..!

১৪. সেই তুমি নেই তুমি

সেই তুমি নেই তুমি আজ পাশে..
সেই তারা দিশেহারা আকাশে..
সেই ঘাটে একসাথে প্রেম বোনা..
সেই তুমি সেই আমি আজ অচেনা..

মনে পড়ে সেই ঘরে ঠোঁট ছুঁলে..
গেলে সেই নিমেষেই সব ভুলে..
ভারে চা, দুটি পা..জল ছোঁয়ে..
সেই বিকাল নৌকার পাল, যায় বয়ে..
হেঁটে যাবো তারা ছোঁব কথা ছিল..
স্মৃতি হয়ে জেগে রয়ে রাতগুলো..
তাও খুঁজি, প্রায় রোজই তোমাকেই..
ফাঁকা পাড়, পাইনা আর.. তুমি কই?
ওই চোখে প্রেম মেখে আসতে যেই..
খুঁজে যাই, কোথা পাই.. তুমি নেই..

সেই তুমি নেই তুমি আজ তেমন..
তাইতো আজ অন্য সাঁঝ..মন কেমন..
হাত রেখে আবেগে দুটো চোখ..
থাকতো চুপ, শান্ত খুব, নিষ্পলক..
আমি সেই শোনালেই প্রিয় গান..
ভুলে যেতে ঐ স্রোতে অভিমান..
হট করে, ঠোঁট ভরে, চুমু সেই..
ফাঁকা পাড়, পাইনা আর.. তুমি কই?

রোজ দেখা, প্রেম লেখা..ওই তীরেই..
চোখ বুজি, আজ বুঝি তুমি নেই..

সেই তুমি নেই তুমি আজ পাশে..
সেই তারা দিশেহারা আকাশে..
সেই ঘাটে একসাথে প্রেম বোনা..
সেই তুমি সেই আমি আজ অচেনা..

---

19. দূরের দিগন্তে

ব্যস্ততা কাটিয়ে সন্ধ্যে ঘনিয়ে এলো।
গুমোট ঘরে বসে ফেলে আসা সকালের কথা ভেবে চলেছি।
সকাল থেকে তো অর্থের পেছনে ছুটছিলাম,
এখন অনেকটা অর্থ জমিয়েছি,
কিন্তু মূল্যটা খানিকটা কম লাগছে।
কোথায় গেলো সেই সকালের কর্মচারীগুলো?
এখন নতুন মানুষেই জীবনটা এগিয়ে নিয়ে চলেছে,
পুরনো রা অভ্যেস কাটিয়ে মায়ায় ফেলে চলে যাচ্ছে একে একে!
হঠাৎই কেউ একটা কড়া নাড়লো!
ধীর পায়ে গিয়ে দরজা খুললাম,
তীক্ষ্ণ দৃষ্টিতে চেয়ে দাড়িয়ে আছো তুমি
.. মৃত্যু!!
যত উপার্জন ছিল সব অর্থ দিয়ে দিতে চাইলাম,
কিন্তু তুমি নারাজ!
তোমার কেবল আমাকেই চাই!
এত ভালোবাসো? একবার পেছন ফিরে দেখলাম..
গোটা ঘর জুড়ে ফেলে আসা দিনগুলো দেওয়ালে দেওয়ালে আঁকিবুকি
কাটছে,
সবার শেষে রয়েছে জন্মের কান্না..
আমি চলে গেলে বুঝি মুছে যাবে এইসব?
এত ছবি কেনো আঁকলাম,
যদি সেটা নিজেই ছিঁড়ে ফেলতে হয়!
তুমি ইতস্তত হয়ে তাড়া দিচ্ছ বারবার!
নাহ্‌ যাই তবে এবার!

কিন্তু আসার সময় সবাইকে হাসিয়ে নিজে কেঁদেছিলাম,
আজ নাহয় নিজে হেসে বিদায় নিই,
আর সবাই কাঁদুক!
হাসি মুখে শক্ত করে হাত ধরলাম তোমার,
বাড়ি ছেড়ে তুমি আমায় নিয়ে
জীবনের চত্বর ফেলে হারিয়ে গেলে সেই দূরের দিগন্তে!
যেখানে দেখা যায় নতুন কোনো কান্না আর আনন্দের কিছু হাসি।

২০. তফাৎ কি জানো ?

আমাদের মধ্যে তফাৎ টা কি জানো ?
আমি বেড়াতে গিয়েছিলাম,
আর তুমি সুখে থাকার সন্ধানে বেরিয়েছিলে..
আরও একটা মজার তফাৎ কি জানো..?
আমি সুখ খুঁজে পেয়েছিলাম,
আর তুমি এখনও ভ্রমণ করে চলেছো!
একদিন হাফিয়ে উঠে বলবে, এবার বাড়ি ফিরে যাই!
তবে দুর্ভাগ্যবশত তুমি বাড়ির ঠিকানা হারিয়ে ফেলেছো!
তবে আমি আমার বাড়ির পাশ কাটিয়ে যাবো,
তবু কিন্তু বাড়ি ফিরব না।
আমি প্রাণ খুলে তখনও ভ্রমণ করে বেড়াবো..
আর আমাদের মধ্যে মিল কোথায় জানো?
আমাদের কারোরই বাড়ি ফেরা হবে না!
আমাদের মধ্যে তফাৎ কি জানো
আমাদের মধ্যে তফাৎ টা কি জানো?
আমি বেড়াতে গিয়েছিলাম,
আর তুমি সুখে থাকার সন্ধানে বেরিয়েছিলে..
আরও একটা মজার তফাৎ কি জানো..?
আমি সুখ খুঁজে পেয়েছিলাম,
আর তুমি এখনও ভ্রমণ করে চলেছো!
একদিন হাফিয়ে উঠে বলবে,
এবার বাড়ি ফিরে যাই!
তবে দুর্ভাগ্যবশত তুমি বাড়ির ঠিকানা হারিয়ে ফেলেছো!
তবে আমি আমার বাড়ির পাশ কাটিয়ে যাবো,

তবু কিন্তু বাড়ি ফিরব না।
আমি প্রাণ খুলে তখনও ভ্রমণ করে বেড়াবো..
আর আমাদের মধ্যে মিল কোথায় জানো?
আমাদের কারোরই বাড়ি ফেরা হবে না!

21. হয়তো মৃত্যুর পরেও

স্বপ্নগুলো ধরার বৃথা চেষ্টা জীবনটাকে
আরও অগোছালো করে তুলছে..
পুরনো স্মৃতিগুলো টানাহেচড়া করে মন তো
কবেই নিজেকে হারিয়ে ফেলেছে..
পরে আছে শুধু ..
শরীর, মাংসপিণ্ড, নেশাগ্রস্ত ঘিলু, হিমোগ্লোবিন আর টেস্টোস্টেরন!
চরিত্রের মানসিক ভারসাম্য তো কবেই হারিয়ে গেছে..
রাত্রি দুটোর শীৎকারকে একাকীত্ব ক্রমশ গ্রাস করে চলেছে
পরে আছে শুধু .. অ্যালকোহল, উইডস্, নোনাজল, নিকোটিন আর
হাইপোথ্যালামাস হরমোন!
হয়তো মৃত্যুর পরেও !
অপ্রত্যাশিত খবর ঘুম ভাঙাবে তোর।
হয়তো মৃত্যুর পরেও !
সুইসাইড নোট পরে হাত কাঁপবে খুব জোর..

অহেতুক জীবনের মোকাবিলা,
বিতর্কের সম্মুখীন কিছুক্ষণ..
অজান্তে – অকারণে পথ চলা,
স্বর্গের পথও নির্জন!
জীবনের ব্যাকসিটে লুটোপুটি খায় স্বপ্নেরা আর
কিছু অধরা অনুভূতি..
সিগনাল মেনে চলা খুব কঠিন এখন, অজান্তেই বাড়ছে গতি!
সিটবেল্ট জানে রুখতে পারবেনা এই দুর্ঘটনা!
অন্ধকার সড়ক! তবু কত মানুষের আনাগোনা..

তবে গন্তব্যস্থল আলোকিত ভীষণ..
শেষবার অতীত হেডলাইট মারে চোখে!
অবশেষে রাস্তা শেষ হলো, ভ্রমণ সমাপ্ত..
মুহূর্তের আঁকেবাঁকে!
হয়তো মৃত্যুর পরেও !
অপ্রত্যাশিত খবর ঘুম ভাঙাবে তোর।
হয়তো মৃত্যুর পরেও !
সুইসাইড নোট পরে হাত কাঁপবে খুব জোর..

———————————————

22. দেখা হবে না বোধহয় !

এইতো সেদিন মতো ছিলে, হৃদয় ছুঁয়ে কথা দিলে
সাক্ষী ছিল বৈশাখীর হাওয়া..
শ্রাবণ আছড়ে পড়লো শেষে, দুজনেরই অবশেষে
প্রতিশ্রুতি ভেঙে ফিরে যাওয়া..
সেদিনও দেখেছি তাকে, যত্নে রাখতো আমাকে
তবে বলো কেনো আজ দূরে তুমি হায়..
তবে কি কখনো তীরে, গঙ্গা প্রণয়ের পাড়ে
আমাদের আর দেখা হবে না বোধহয়..
দেখা হবে না বোধহয়!
আজও সেই তোমাকেই খুঁজি, হাসি আজও মিছিমিছি
জানি আর তুমি গো নেইতো তেমন..
আমার ক্ষত বাড়ছে মনের, হারানো সে প্রিয়জনের
অপেক্ষায় কাটে জীবন কেমন..
আমি দেখেছি তোমার মায়া, একসাথে দুটো ছায়া
তবু কিভাবে তারা হলো অসহায়..
সেদিনও কত ভালোবাসা দিলে, দুহাতে জড়িয়ে নিলে
সেই দিনগুলো মন ফিরে পেতে চায়..মন ফিরে পেতে চায়।
সেই পায়ে হাঁটা পথগুলো, অভিমান রাগ ছিল
তুমি অভিমানী সে মানুষ ছিলে যে আমার
তুমি বেঁধে রাখতে প্রেমে, সুর ছিলে আমার গানে
সেরকমই দেখা হবে তো আবার..
বলো, হবে তো আবার।
সেই স্টেশনের ভিড় ঠেলে, অপেক্ষায় বসে ছিলে
হাত নেড়ে সাড়া দিলে, আমি এলে হায়..

কিভাবে ভুলবো বলো, তোমার ঐ কথাগুলো
এত সহজে কি আর সেকি ভোলা যায়..
বলো, সেকি ভোলা যায়!
ওহে, ময়দানে বসে সেই, গান শুনে আবেগেই
বলতে তোমাকে ভালোবাসি গো খুব..
কেন তবে আজ নোনা ছুঁড়ি, একা একা গান করি
শোনো না তুমিও কেন থাকো গো নিরব..
কেন, থাকো গো নিরব!
কে বলবে আমায় শুনি, গান শোনাও না তুমি
আসবে কি ফিরে নীল দিগন্তে বলো..
আমার, আমার এ গাওয়া গানে, কখনও মনের টানে
এসে বলবে বুঝি সাথে নিয়ে চলো.............
সেদিনও দেখেছি তাকে, যত্নে রাখতে আমাকে
তবে, তবে বলো কেনো আজ দূরে তুমি হায়..
তবে কি কখনো তীরে, গঙ্গা প্রণয়ের পাড়ে
আমাদের আর দেখা হবে না বোধহয়..
দেখা হবে না বোধহয়! (২)

23. জীবনের বই

নিজের জীবনের মলাটগুলো ছিঁড়ে ফেলেছিলাম তোমার পড়তে সুবিধে
হবে তাই..
তুমি দেখি প্রেমের পাতাটা মন দিয়ে পড়লে,
আর দোষের পাতাগুলো এক নিমেষে উল্টে দিলে!
ভেবেছিলাম হয়তো ছিঁড়ে ফেলবে সেগুলো, অথবা আঁকিবুকি কেটে
দেবে তাতে..
উমা ! তুমি দেখি ভালোবাসার পাতাগুলো ছিঁড়ে নিয়ে উধাও হয়ে
গেলে,
রওনা দিলে সুখিতর হওয়ার গন্তব্যে!
আর আমার বইয়ের সূচিপত্রে তোমার জীবনের অভ্যাসগুলো সাজিয়ে
রেখে গেলে!
যার আঙুলের স্পর্শে পাতাগুলো খসখসে আওয়াজ করে বলতো..
শেষ পাতাতেও তোমাকেই চাই..
সেই পাতাগুলো হয়তো এখন নিরবে দিন গুনছে,
হয়তো তোমার অপেক্ষার নয়তো অন্যকারো ছোঁয়ার!

24. এটা কেনো করলি ভাই

একদিন সবার স্ট্যাটাসে, স্টোরি তে শুধু আমার ছবি থাকবে..
আরে নানা !
জন্মদিনের শুভেচ্ছা নয়।
আমার ছবি দিয়ে সবাই প্রশ্ন করবে..
কোনো উত্তরদাতার কাছেও নয়..
অজান্তে শূন্যতায় লিখে দেবে....
"এটা কেনো করলি ভাই" !!
একদিন আমার ইনবক্স ভরে থাকবে আনরিড মেসেজে,
সেগুলোয় কখনও আর ব্লু - টিক পড়বে না..
একরাশ অভিমান, রাগ, কষ্ট ভিড় করে
ভেঙে পড়বে আমার ইনবক্সে..
সেদিন সবার আমার প্রতি মায়া বাড়বে..
তাদের অবহেলা করা ছাড়া
আমার কাছে কোনো উপায় থাকবে না..
রিপ্লাইয়ের আশা না করেই সবাই লিখতে থাকবে একে একে..
"এটা কেনো করলি ভাই" !!
উত্তরটা আমিও দিতে পারবনা তখন।
তারপর নিঃশব্দে ক্রমশ মুছে যাবে আমার নাম..
চ্যাটলিস্টে ধীরে ধীরে আমি নিচে নামতে থাকবো,
অনেক নিচে!
নিজেদের ব্যাস্ত জীবনে, হাসি - ঠাট্টায় মেতে উঠবে সকলে।নানা!
সবাই একেবারে ভুলে যাবেনা,
সবার আবার মনে পড়বে আমাকে ফেসবুকের সহায়তায়,
আমার জন্মদিনে এবং পরের বছর

এই মৃত্যু দিনটাতেই ফেসবুক মেমোরিজ দেখে..
সেদিন আবার বছর খানেক পরে
আমার হাসি মুখটা মনে করে সবার মনে নিরবতা সৃষ্টি হবে..
সবাই আবার আমার টাইমলাইন ভরিয়ে দেবে সেই একই প্রশ্নে..
"এটা কেনো করেছিলিস ভাই" !!

25. রাস্তাপার

প্রতি রাতে বিছানায় শুয়ে যখনই ভাবি,
তোমার হাত না ধরে এই যানজটে ভরা ব্যস্ত রাস্তাটা পার হবো
কিভাবে !
কোনো উত্তর পাইনা ------ খুব ভয় হয়।
তবে রাস্তা পার হতে গিয়ে দেখি আমাদের প্রতিদিনের অত বড় ব্যস্ত
হাইওয়ে আজ ফাঁকা!
মন জানো, খালি রাস্তাটা চোখ বুঁজে পার হয়ে যাই এখন।
একটুও ভয় হয়না আর।
আর তুমিও তো পার হওয়ার সময় পাশে থেকে হাতটা আর চেপে
ধরো না।
তোমার রাস্তায় হয়তো এখন অনেক যানজট,
তাই তোমাকে নিশ্চই এখন রাস্তা পার করে দেওয়ার কেউ একজন
রয়েছে।
যাকে ভরসা করে তুমি প্রতিদিন রাস্তাপার হয়ে যাচ্ছ।
তবে দেখো, আমি কেমন পাগলের মত মাঝরাস্তায় দাড়িয়ে আছি
নিশ্চিন্তে।
কোনো ভয় নেই আর আমার!

26. আর বন্ধু আমরা নই

কোথাও ভয় পেলে বুকে থুথু দিয়ে নিও
শক্ত করে হাতটা চেপে ধরা হবেনা।
একা রাতে বাড়ি ফেরার রাস্তা সাজিয়ে নিও
পাশে হেঁটে তো আর পৌঁছে দেওয়া যাবেনা।
ঘুমের মাঝেই আঁকড়ে ধরে আমায়
স্বপ্নগুলো পূরণ করে নিও
যদি কখনও কান্না আসে খুব
আমার নামে গিঁটু বেঁধে দিও।
হঠাৎ যদি দেখা হয় দুজনের
হাত মেলাতে ভুলোনা যেন আবার
স্পর্শে যদি ভালোবাসা থাকে খুব
হেসে জানিও সময় হলো যে যাবার।
আবার যদি সঙ্গে থাকে কেউ
দূর থেকেই মিষ্টি হেসে নিও
পাথর হাসি হাসবো আমিও ফের
কেমন আছি না জেনেই চলে যেও।
পুরোপুরি অচেনা হয়েওনা প্লিজ
আমার চোখে লুকোনো শ্রাবণ মাস
হয়তো কোনো নতুন বছরে তুমি
যেখানে কেবল নতুন জীবন-বাস।
হাজিরা দিতে আসবো আমি আবার
এই সম্পর্কের নাম কি জানান দিতে
নিরবে ফের হেসেই উড়িয়ে দেবো
অভিমানী থাক তোমার চুলের ফিতে।

দ্যাখো আমি দিব্বি বেঁচে আছি
শত কোটি মিথ্যে হাসি নিয়ে
অচেনাও নই, বন্ধু কি ফের তবে
সম্পর্কের নামহীন তকমা পেয়ে।
যদি বাস্তবের মাটি খুঁড়তে চাই
লক্ষ কোটি লাশের পাহাড় ছুঁই
হাত ধরে হাঁটবে কোন পথে?
এখন তো আর বন্ধু আমরা নই!

২৭. বদলে ছিলিস তুই

যেমন আছিস ভালো থাক..
বিরক্ত করার অধিকার নেই..
রাতের মায়ায় ঘুমিয়ে গেলেও
গান শোনাস তুই স্বপ্নতেই..।
বুঝতে শিখেছিস কিছুটা এখন
তবু আসল কারণ তো বুঝলি না..
তাইতো অত স্বপ্ন দেখেও বাস্তবে আমায় খুঁজলি না..।
তারা ভরা রাতের বেলায় ইচ্ছেগুলো তাড়িয়ে দিস..
সকাল এলেই ব্যাস্ততায় বাস্তবতা গুছিয়ে নিস!
সম্মোহনের দোহাই দিয়ে তোকে ছোঁয়া হলো কই..
নিজেকে বদল করার আগে আমায়
বদলে ছিলিস তুই..!

২৪. সহজ নয়

তোমাকে সুখী করা সহজ নয়
রাতদিন সুখ জমাতে হয়..
প্রাচীনকাল থেকে রয়েছি আমি।
তোমায় তৃপ্ত করার অপেক্ষায়....
তোমাকে আগলে রাখা সহজ নয়..
হাত আলগা করতেও লাগে ভয়..
তুমি অতীত ছিলে তুমিই আগামী।
নদীর পাথর হচ্ছে ক্ষয়..
তোমাকে ভালোবাসা সহজ নয়
অনেক অপ্রত্যাশিত ব্যথা পেতে হয়..
তুমি নিজের দিশায় স্থির।
অনুভূতি হয়না নয়-ছয়....
তোমাকে বুঝে ওঠা সহজ নয়
বুঝলেও অবুঝ হতে হয়..
মন উচাটন, অস্থির।
লুকিয়ে করি মিথ্যে অভিনয়....
তোমাকে আপন ভাবা সহজ নয়
তোমার চেতনা ক্রমশ বদলায়..
আমার ভয় কাঁপে দুটো আঁখি।
হয় যদি ভালোবাসার পরাজয় ....
তোমাকে ছুঁতে পারা সহজ নয়..
অনেক সাধ্য সাধনা করতে হয়..
সিদ্ধ আমি স্নিগ্ধতা মাখি।
তোমার চোখে দেখেছি প্রলয়....

তোমাকে আটকে রাখা সহজ নয়..
সাথ দেয় তোমায় রাস্তা হায়....
এ যে অন্যরকম খেলা।
শরীর ভেঙে তছনছ হয়....
তোমাকে যত্নে রাখা সহজ নয়..
তোমার অল্প আঘাতেই ব্যথা হয়..
বিদায়বেলা তো শেষ দেখার পালা।
পথও বৃষ্টি হয়ে ভেসে যায়....
তোমাকে যেতে দেওয়া সহজ নয়
একসাথে যেতে ইচ্ছে হয়..
বদলে যাক সময়ের মাপকাঠি।
আমি রয়েগেছি সেই কামনায়....
তোমাকে মুছে ফেলা সহজ নয়..
মুছতে গেলে হাত কাঁপে ভয়..
অন্তরে..তোমার সৈন্যদের হাটাহাটি।
আমি বড়ই আজ অসহায়....
তোমাকে অপরাধী বলা সহজ নয়..
সমাজের কাছে তবুও যে বলতে হয়..
আমি খুঁজি তোমার প্রমাণ সমূহ।
তোমায় দোষী বলতে ঘৃনা হয়....
তোমাকে ছেড়ে থাকা সহজ নয়..
সংকেত ছাড়াই তুফান হয়..
বাড়ে নিজের সাথে কলহ।
হৃদয় একাকী ব্যথা সয়....
তোমাকে ঘৃনা করা সহজ নয়..
ভালোবাসা কি তাই শেখায়?
ছিঁড়ে ফেলেদি তোমার ভুলক্রটি।
সে যে ক্ষমার পথ দেখায়....
তোমাকে ফিরে পাওয়া সহজ নয়..

নানান বাঁধারা সম্মুখীন হয়..
আঙিনায় ভাসে পুরনো খুনসুটি।
পথের মাঝে ভুলভ্রান্তি হয়....
তোমাকে মিথ্যে বলা সহজ নয়
মিশে গেছো তুমি শিরায় শিরায়।
বীজ বুনেছ আমাকে ভোলার।
ভালোবেসে ব্যর্থ এ হৃদয়....
তোমাকে ভুলে যাওয়াও তো সহজ নয়..
মনের মধ্যে ঝড়ের উপস্থাপন হয়..
মনে করারও শেষ হয়না আর।
অন্তঃপুরে যুদ্ধের ছবি ঘরময়....

29. দিনগুলি তো বন্দি ঘরে রইলো না

দিনগুলি তো বন্দি ঘরে রইলো না..
খোলা খিড়কি দিয়ে..
উড়ে গেলো শূন্য দিশায় ধরতে আমি পেলেম না..
তোমার দেওয়া গোলাপ তাজা রইলো না।
গেলো শুকিয়ে.. মিলিয়ে গেল কোথায় যেন..
শোক ভুলিতে চেলেম না..
তোমার দেওয়া ব্যথাগুলি সইলো না..
দিনগুলো তো বন্দি ঘরে রইলো না..।
কত তড়িঘড়ির সাজ আয়োজন হয়েছিল অধীন..
শত আনন্দের হাসি সবাই কত খুশি সেদিন..
সেই হাসি তো ধরে রাখা গেলেম না..
সময়ের স্রোতে ভেসে..
পাল তুলে সে রওনা হলো আর।
দেখতে তারে পেলেম না..
তোমার কথা কেউতো আজি কইলো না..
দিনগুলি তো বন্দি ঘরে রইলো না।
চাদর ভিজে তোমার ঘামে চিহ্নগুলি স্পষ্ট আজও..
প্রদীপ জ্বলে তোমার নামে মোর পানে তুমি চেয়ে আছো..
তোমার গন্ধ তো আর আটকে রাখা গেলেম না..
হাওয়ায় মিশে..
আকাশপানে উধাও হলো ছুঁতে গেলেম পেলেম না..
কেউ কি তোমায় দেখতে আজি চাইলো না..

দিনগুলি তো বন্দি ঘরে রইলো না।
তোমার হাতে বোনা চারা যে আজ বিরাট বৃক্ষ হলো..
কত পাতা ঝরলো আজি বসন্ত এসে রং চেনালো..
সেই বৃক্ষ ছাওয়ায় তোমার বসা হলেম না..
রোদের পথে বিদায় নিলে..
পথভ্রষ্ট করতে চাইলেম..
তোমা অবধি যেতে পেলেম না..
হৃদয়খানি তোমায় দেওয়া হইলো না..
দিনগুলি তো বন্দি ঘরে রইলো না..!

৩০. সেই আমিকে হারিয়ে ফেলেছো..

সেদিন তো তুমিই বলেছিলে ভালো আছো আমায় ছেড়ে..
তবে কেনো উন্মাদ হয়ে আজ আবার আসলে ফিরে..
কেঁদে উঠে বলেছিলাম যেওনা প্লিজ ছেড়ে..
কাকুতি মিনুতি করেছিলাম হাতটা চেপে ধরে..
সেই তুমি আজ হঠাৎ কেনো ফিরে এলে?
বদলে গিয়ে তো অন্য জগতে বেশ ভালই ছিলে..
আজ কেনো তবে তুমি দাড়িয়ে জানালায়..
আমিও এইরকমই তরপেছিলাম সেইদিন সন্ধ্যায়..
প্রতিটা দিন কেটেছিল চোখের জল ফেলে..
অবাক হয়ে থমকে ছিলাম..তুমিও বদলে গেলে?
পুরনো সব মুহুর্তগুলো পড়ছিল খুব মনে..
আজ হঠাৎ স্তব্ধ হলাম তোমার আগমনে..
ফেরার তো আর পথ নেই গো যা ছিল সব শেষ..
তবে ভালোবাসি আজও ভীষণ, শুধু কাটিয়েছি অভ্যেস..
আমিও পড়েছি ভেঙে এবার তুমিও দু চোখ মোছ..
প্রতিশোধ নয়..সেই আমি কে তুমি হারিয়ে ফেলেছো..
তাইতো বলি ভালোবাসা আর প্রেমের মধ্যে অনেক পার্থক্য
তোমার জন্য আমার গিটার আজও শোকস্তব্ধ..
হয়তো তোমার স্থান কেউ নেবেনা, তুমিও পারবেনা নিতে..
তুমি আমি হেরে গেলাম শেষে ভালোবাসা গেলো জিতে..
তুমি আমার কল্পনায়..আমাকেও নয় সেখানেই একো..
সেদিনও নাকি ভালই ছিলে আজও ভালো থেকো..।।

31. বিচ্ছেদ

একটা শান্ত বিকেল..গঙ্গার পারে বসে রাজ আর কোয়েল।
পাখিদের মিষ্টি গান আর হু হু করে ঠান্ডা হাওয়া বইছে।
বেশ একটা জমাটি রোমান্টিক মুহূর্ত।

তবে সেই মুহূর্তে ওদের জীবনে আর একটুও রোমান্স নেই..

ওদের বছর তিনেকের সম্পর্ক। দুজন দুজন কে খুব ভালোবাসত,
হমম বাসতো। কিছুদিন যাবৎ ওদের মধ্যে নানান ধরনের ভুল
বোঝাবুঝির সৃষ্টি। ওরা নিজেরাও জানে হয়তো সম্পর্কটা আর টিকবে
না।

রাজ ভালো লেখালেখি করে, গান করে, একটু কাব্যিক স্বভাবের।
আর কোয়েল একটা উড়নচন্ডী মেয়ে। তবে দুজনেরই চরিত্রে কোনো
খুঁত নেই। ওদের সম্পর্কে প্রেমের থেকেও বেশি ভালো ওদের বন্ধুত্ব।
তবে রাজের মিষ্টি কথাবার্তা, গান, কষ্টে চোখটা ছলছল করে
ওঠা..কোনোকিছুই যেনো আজকাল গায়ে লাগছেনা কোয়েলের। আর
একটুও ভালোবাসা আসছেনা ওর প্রতি।

রাজ : হয়তো এটাই শেষ দেখা..তাইনা?

কোয়েল : নানা! ধুর আজেবাজে কথা বলিসনাতো।

রাজ : আর কিছু ঠিক হবেনা?

কোয়েল : জানিনা রে।

রাজ : (ওরদিকে স্থির হয়ে তাকিয়ে) খুব ভালোবাসি রে তোকে..

কোয়েল : (চুপ)

সূর্য ডোবার সময় হয়ে আসছে, সূর্যের প্রতিচ্ছবি গঙ্গার জলে ফুটে
উঠেছে। কিছু মেঘের দল মাঝে মাঝে সূর্যকে ঢেকে দিচ্ছে..আবার
মেঘ কেটে যাচ্ছে।

রাজ : তুই আমার জীবনে সূর্যের মত। আমার জীবন আলো করে আছিস।

দেখেছিস সূর্যকে কেমন বারবার মেঘেরা ঢেকে দিচ্ছে আবার সরে যাচ্ছে.. আসলে ঐ মেঘগুলো হলো আমাদের সম্পর্কের অভিমান, বাঁধা, ভুলবোঝাবুঝি। ধীরে ধীরে মেঘেদের ভিড়ে কেমন হারিয়ে যাচ্ছে সূর্যটা খুব তাড়াতাড়িই ডুবে যাবে। দেখ কেমন নিস্তেজ হয়ে আসছে। ঠিক সেরকমই তুইও আমার জীবন থেকে অবসর নিয়ে নিবি হয়তো আস্তেআস্তে। আর আমার জীবনটা আবার অন্ধকার হয়ে যাবে।

কোয়েল : হ্যাঁ.. আর তারপর চাঁদ উঠবে আকাশে। চাঁদের মিষ্টি আলোয় প্রেমময় হয়ে উঠবে ঘাটটা। কত মধুর লাগবে সবকিছু। তখন তুই তোর চাঁদকে নিয়ে ভালো থাকবি, সূর্যের মতো অত তেজী না সে।

ভালো রাখবে তোকে অনেক। চিন্তা করিস না কোনও তোর জীবনেও হয়তো সেরকম চাঁদ অপেক্ষা করছে।

(একটু হেসে) কেমন দিলাম ? তুই কি একাই ওরকম দার্শনিকের মত কথা বলতে পারিস... হহঃ।

রাজ মুচকি হাসলো। কোনো জবাব দিলনা। কারন..হয়তো ও চাইতো এই উত্তরটা কোয়েল নিজের জীবনের থেকেই পাক।

আসলে চাঁদের আলোয় হয়তো অনেক প্রেমিক প্রেমিকারা নিজেদের রোমাঞ্চকর মুহূর্তে মেতে ওঠে, শান্ত একটা পরিবেশ। ঠাণ্ডা হাওয়ায় কত গাছ দুলছে, ফুল ফুটে আছে। চাঁদ যেনো মায়ায় আবদ্ধ করে রেখেছে সবকিছু। চাঁদের সবকিছুই যেনো সবার ভীষণ ভালো লাগে। তবে কখনো ভেবে দেখেছ.. চাঁদ না থাকলে কি পৃথিবীর কোনো যায় আসতো? চাঁদের অস্তিত্ব না থাকলে কি পৃথিবী একটুও অসম্পূর্ণ হতো? আবার একদিকে দেখো..সূর্যের অস্তিত্ব না থাকলে পৃথিবীও থাকতো না। পৃথিবী ধ্বংস হয়ে যেত। গাছপালাগুলো সারারাত চাঁদের মায়ায় থাকলেও কিন্তু প্রতি ভোরে সূর্যের আলো ফোটার অপেক্ষায় থাকে।

হতে পারে সূর্যের অনেক তেজ। চাঁদের মত অত আদরে রাখতে পারেনা বা চাঁদের মত অত সুন্দর না। তবে সূর্যের সেই তেজ রাগগুলো আপন করে নিলেই বুঝতে পারবে তোমার জীবন তাকে ছাড়া সম্ভবই না। তার গুরুত্বটা সবার থেকে আলাদা, হয়তো সে অত আদরে মায়ায় আবদ্ধ রাখতে পারেনা তোমাকে।

চাঁদ ছাড়াও তোমার জীবন কেটে যাবে কারণ সেটা একটা মোহ মাত্র, তবে সূর্য ছাড়া তুমি ধ্বংস হয়ে যাবে।

আসলে থাকাকালীন আমরা কাছের মানুষটার গুরুত্ব বুঝতে পারিনা। বিকেল থেকেই আমরা চাঁদের অপেক্ষায় থেকে যাই। তবে দেখো চাঁদ থাকাকালীন ও সূর্য কিন্তু কখনই পৃথিবীকে ছেড়ে যায়না।

..যথারীতি দুদিন পর ওদের ব্রেকআপ হয়ে গেলো।

বেশ কিছুদিন কেটে গেলো..কোয়েলের জীবনে নতুন একজন এসেছে। তবে রাজ আজও একাই। ও চাঁদ আর সূর্যের তফাৎটা বুঝত। তাই জন্য হয়তো ।।

32. কিছুটা অজানাই থাক

আরও একটা 31স্ট মার্চ কেটে গেলো।

আমাদের শেষ দেখা, শেষ স্পর্শ, শেষ কথা । সেই সন্ধ্যায়বেলায় ব্যাস্ত রাস্তার পাশে বাসস্টপে দাড়িয়ে।

প্রিয়া....জানিস খুব মনে পড়ে তোকে।আমাদের ভালোবাসার তো এরকম পরিণতি হওয়ার কথা ছিলনা, তবুও!

মনে আছে? তোর পুরনো স্কুল St.Augustine –এর গেটের বাইরে তোর জন্য অপেক্ষায় থাকতাম, আর তুই পেছন থেকে জড়িয়ে ধরে চমকে দিতিস । তারপর গঙ্গার পার গুলোতে বসে, ভাড়ের চা আর কমদামি সিগারেট খেয়ে, তোর কোলে মাথা দিয়ে সময় কেটে যেত।

না চাইতেই আমার মনের ইচ্ছে, চাহিদা সবকিছু বুঝতিস তুই..

আমার কাটানো প্রতিটা মুহূর্তে তোর অস্তিত্ব লুকিয়ে আছে আজও।

জানিস তোর উপহার দেওয়া আমার সবচেয়ে প্রিয় ঘড়িটা গত বছর শিয়ালদহ স্টেশনে হারিয়ে গেছে! তোর শেষ স্মৃতি ছিল ওটা, ঐ ভিড় স্টেশনের মধ্যেও চোখটা ছলছল করে উঠেছিল।

আজ অন্ধকার ঘরে বসে একাকী এই লেখাগুলো লেখার সময়ও স্পষ্ট অনুভব করছি তুই পাশে বসে আমার মাথায় হাত বুলিয়ে দিচ্ছিস ! আরে ধুরর ! আমার আবার আজকাল অল্পতেই নেশা হয়ে যাচ্ছে ।

যাইহোক, 5টা বছর কেটে গেলো।

সেইদিন সন্ধ্যায় যখন আমাদের শেষ দেখা হলো..

হালকা ঝোড়ো হাওয়া বইছিল..তোকে বাসস্টপে ছেড়ে বাসে উঠে যাওয়ার আগে ভীষণ ভাবে মনে হচ্ছিল, তোকে ছেড়ে যাবো না ।

খুব ইচ্ছা করছিলো সেদিন তোকে একটু ভালবেসে আগলে রাখতে।

কিন্তু কোনো অস্বাভাবিক শক্তি আমাদের বাধ্য করেছিল আলাদা হতে । তোর থমথমে মুখের দিকে তাকিয়ে মনে হচ্ছিল হাজারো প্রশ্ন,

হাজারো কথা ভির করে আছে তোর ভেতর। খুব চুপচাপ ছিলিস তুই। দুবার জিজ্ঞেস করেছিলাম, কি হয়েছে..তুই কিচ্ছু বললিনা। শ্যামবাজার মোড়ে আমার চেনা বাসটা চলে আসলো অবশেষে, 74/1 । বাসটা দেখে তোর চোখ দুটো যেনো ছলছল করে উঠলো, তোর কপালে একটা চুমু দিয়ে বললাম, কাল দেখা হচ্ছে তো..চিন্তা কিসের?....আমি জানতাম না যে শুধু কাল না আর কোনোদিনই আমাদের দেখা হবেনা, সেটা তুই জানতিস।

বাসে ওঠার আগেও তোর হাতটা শক্ত করে ধরে ছিলাম, মনে হচ্ছিল তুইও যেনো ছাড়তে চাইছিলিনা। কিন্তু ছাড়তে হলো !

বাসে উঠে দরজা দিয়ে ঘুরে তাকালাম, তুই নির্বাক হয়ে দাড়িয়ে.. তোর চোখ দিয়ে জল গড়াচ্ছে, হাওয়ায় তোর চুলগুলো উড়ছে আর তুই ধীরে ধীরে দূরে চলে যাচ্ছিস.... তখনও খুব ইচ্ছে করলো নেমে যেতে কিন্তু অদ্ভুত ভাবে সেটাও কোনোভাবে পারলাম না, বাসও স্পীড তুলে দিয়েছিল। তবে একভাবে চেয়ে ছিলিস তুই।

খুব অবাক হলাম, বাসে বসে কিছুক্ষণ ভেবে তোকে ফোন করলাম। একটা রিং হয়ে ব্যাস্ত বললো । 2বার করলাম । ভাবলাম কেটে দিচ্ছিস, রাস্তা পার হচ্ছিস হয়তো।

কিন্তু কিছুক্ষন পর বুঝলাম, আমার নম্বর ব্লক করেছিস । খুব অবাক হলাম , এটা কখনো বিশ্বাসযোগ্য নয়।

আমার সব বন্ধুকেও ব্লক করে দিয়েছিলিস । বাড়ি ফিরলাম। খুব অস্বস্তিতে কাটলো রাতটা। ছাদে গিয়ে বেশ কিছু সিগারেট শেষ করেছিলাম। আমাদের কাটানো মুহূর্ত গুলো খুব মনে পড়ছিল। প্রায় ভোর হয়ে এলো ঘরের একপাশে বসে বসে হঠাৎ একটা শীতল অনুভূতিতে ঘুমিয়ে পড়েছিলাম।

পরের দিন প্রায় দুপুর..দিনটা ছিল 1স্ট এপ্রিল, সত্যিই জীবনের সবচেয়ে বড় এপ্রিল ফুল হয়েছিলাম সেইবার।

ঘুম ভাঙার পর ফোনটা হাতে নিলাম 43 MissedCall । না প্রিয়া নয়, কিছু বন্ধুরা বারংবার ফোন করে চলেছে। ফোন করলাম তাদের মধ্যে একজনকে ..রাজু খুব হতভম্ব গলায় বললো যত তাড়াতাড়ি

সম্ভব ব্যারাকপুর আয়। বলে কেটে দিলো। কিছু বুঝতে না পেরে তাড়াহুড়ো করে বেরোলাম। স্টেশনেই দাড়িয়ে ছিলো ও বাইক নিয়ে। চোখ দুটো লাল, মুখ ফ্যাকাশে। ও কোনো কথা বললোনা, কোনো কথার উত্তরও দিলনা। বাইকে বসতে বললো.. বাইকটা গিয়ে থামলো সোজা প্রিয়ার বাড়ি।

নামলাম। হাত পা ভীষণ ঠান্ডা হয়ে গেল, আস্তেআস্তে অল্প ভিড় ঠেলে এগিয়ে গেলাম। শরীরটা ভীষণ ভারি হয়ে উঠেছিল, খুব কাঁপছিলাম। সামনে এগোতেই দেখি ওর মা বাইরে বসে খুব কান্নাকাটি করছেন, আরও অনেকে।

রাজু কাঁপা ভেঁজা গলায় পেছন থেকে ডাকলো.... "ঋত আমাদের অনেক দেরি হয়ে গেছে, ওকে নিয়ে গেছে, তাড়াতাড়ি চল"।

আমি আর সামলাতে পারছিলাম না নিজেকে, কিছুই যেনো বিশ্বাস হচ্ছিলনা। ওর মা, সাথে আরো কিছুজন খুব বাজে বাজে কথা শোনালেন আমাকে। কিন্তু আসল কারণটা তো আমি জানতাম।

রাজু একটা সুইসাইড নোট দিল আমার হাতে, কারণগুলো উল্লেখ করেনি, যেগুলো এতদিন আমাকে বলে এসেছে। প্রায় অর্ধেকটা জুড়ে আমাদের ভালোবাসার কথা লিখেছিল, আর আমাদের স্বপ্নগুলো সত্যি করার কথা, আর কিছু প্রমিস । শেষ টুকু এখনও মনে পড়ে..

"জীবনে সবচেয়ে বেশি শুধু তোকেই ভালোবেসেছি ঋত, তাই আমার ভালোবাসার দিব্যি.. কখনো এই ঘটনার আসল সত্যি বা কোনো প্রতিবাদ তুই কখনও করবিনা। আমাদের স্বপ্নগুলো পূরণ করিস। আর কোনো ভালো মেয়ের সাথে সম্পর্কে যাস, তাকে আমার মতই ভালো রাখিস, ভালোবাসিস। আমি সবসময় তোর সাথে আছি"

খুব ভেঙে পড়েছিলাম, রাজু টেনে তাড়াতাড়ি বাইকে বসালো। খুব তাড়াতাড়ি চালিয়ে শ্মশানের দিকে যাচ্ছিল। হট করে একটা অটো সামনে চলে আসায় ও জোরে ব্রেক কষে। তারপর আর বাইক স্টার্ট নিচ্ছিল না কিছুতেই। খুব জোরে হাওয়া দিচ্ছিলো। ওকে ফেলে আমি পাগলের মত দৌড়ে যাচ্ছিলাম, ও পেছন থেকে খুব চিৎকার করে ডাকছিল। ঘুরেও তাকাইনি তখন। কিছুই খেয়াল নেই কখন গিয়ে

পৌঁছলাম সেখানে। গিয়ে দেখি সব শেষ।

হাউ মাউ করে কান্নায় ভেঙে পড়েছিলাম শ্মশানে বসে।

অনেকটা সময় কেটে গেছিলো, জ্ঞানও হারিয়ে ফেলেছিলাম।

সন্ধ্যা নাগাদ রাজু আসলো, হালকা বৃষ্টিও হচ্ছিল। ও ডাকতে ডাকতে খুঁজে পেলো, জোর করে ওখান থেকে উঠিয়ে নিয়ে গেলো আমাকে।

আজও সেই সময়গুলো কুড়ে কুড়ে খায় আমাকে।

সেইদিন সেই বাসস্টপে দাড়িয়েও জানতাম না, যে তোকে আমি শেষবারের মত দেখছি, তাহলে হয়তো কোনোদিনও সেই বাসটা ধরতাম না।

জানিস..এখন একজনকে ভালোবাসি, সেও খুব ভালোবাসে আমাকে..ঠিক তোর মতন, আর আমিও হয়তো ধীরে ধীরে তাকে তোর থেকেও বেশি ভালোবেসে ফেলেছি। তুই তো তাই চাইতিস.. তোর আরও অনেক চাহিদা পূরণ করা বাকি.. চিন্তা নেই, সব করবো, প্রমিস। আজকের এই শেষ দেখার দিনেও আরেকবার প্রমিস করলাম। খুব ভালোবাসি রে তোকে ।

জানিস প্রিয়া.. আজও কত রাতে ছাদে গিয়ে কোটি কোটি তারার ভীড়ে তোকে খোঁজার চেষ্টা করি পাগলের মত, যখনই দু চোখ ভিজে আসে.. পাশে দাঁড়িয়ে আমার বর্তমান ভালোবাসার সঙ্গী হাতটা চেপে ধরে। আর আমি তাকে শক্ত করে বুকে জড়িয়ে ধরে সব ভুলে যাওয়ার চেষ্টা করি।

সেই মুহূর্ত গুলোতে মনে হয়.. তোর প্রিয় গিটারটা হাতে তুলে সেই মিষ্টি গলায় তুই গাইছিস আর ভাসমান বাতাসে মিলিয়ে যাচ্ছে তোর গাওয়া গান....

"তখন আমায় নাইবা মনে রাখলে..তারার পানে চেয়ে চেয়ে নাইবা আমায় ডাকলে..

যখন পড়বেনা মোর পায়ের চিহ্ন এই বাটে.. আমি বাইব না, আমি বাইব না মোর খেয়াতরী এই ঘাটে গো..

যখন পড়বেনা মোর পায়ের চিহ্ন এই বাটে...."

ইতি .. তোর ঋত

33. তুমি নেইতো অপেক্ষাতে

"তোমার হাসি মুখটা ভাসে..
আমার ঝাঁপসা কাঁচের পাশে..
আমার চোখ থেমে যায় হঠাৎ..আমি ডুবেছি আবেশে।
তোমার হারানো টিপ বেঁচে..
আমার শুকনো খাটের নিচে..
তোমার বৃষ্টি ভেঁজা শরীর....
কুড়িয়ে পেলাম জামার ভাঁজে....
আমি ফাঁকা রাস্তার ধুলোবালিদের সাথে..
খেলে সময় মত বাড়ি ফিরি রাতে..(2)
দরজায় চেয়ে তুমি তো বসে নেই
খাবার বেড়ে রেখে না খেয়ে বসে নেই....তুমি নেইতো অপেক্ষাতে।"
"তোমার চিঠি রাখার তাকে..
আজও জলরঙেরা থাকে..
সময় আটকে যায়না রাখা..ভুলে যাচ্ছ কি আমাকে?
আমার অপরাধ যা ছিল
ভুলে যাওনা ফিরে চলো..
তোমায় ভালোবাসি প্রিয়,ঘাড়ে আঁচড় কেটে বলো....।
আমি ফাঁকা রাস্তার ধুলোবালিদের সাথে..
খেলে সময় মত বাড়ি ফিরি রাতে..(2)
দরজায় চেয়ে তুমি তো বসে নেই
খাবার বেড়ে রেখে না খেয়ে বসে নেই....তুমি নেইতো অপেক্ষাতে।"

34. তার জন্মদিন

এই যে ম্যাডাম..এই নিন....ধরুন।

ঠিক এমনই একটা গোলাপ চেয়েছিলে না তুমি..?

যে গোলাপের পাপড়িগুলো জলের অভাবে শুকোবেনা..

যে গোলাপটা রোদের অভাবে পঁচবেনা।

তাইতো আজ এই বিশেষ দিনে তোমার জন্যে নিজে হাতে একটা
গোলাপ অঙ্কন করে এনেছি।

শুভ জন্মদিন প্রিয়তমা..?

হ্যাঁ..আজ জন্মদিন বলে একটু তাড়াতাড়িই চলে এলাম।

দেখো তোমার প্রিয় জামাটা পড়েছি..(মৃদুহাসি)

অফিসের চাপ আর নিতে পারছিনা বুঝলে..

কই গো..চুপ কেন? এত রাগ করলে হয় নাকি প্রিয়া..?

আচ্ছা একটা ছুটির দিন দেখে গিটারটা নিয়ে আসবো বুঝলে..সেদিন
অনেক গান শোনাবো..খুশি তো?

বছর তিনেক হয়ে গেলো তুমি গান শোনাও না, ধুর আর ভালো
লাগেনা।

মনে আছে আমার জন্মদিনে আমাকে ওই গিটারটা উপহার দিয়ে
একটা গান শুনিয়েছিলে.."মাঝে মাঝে তব দেখা পাই"

প্রিয়া জানো..আমিও চাই আমাদের এই না হতে পারা সংসারটা পূর্ণ
হোক..এমনকি এখনও সেই আশাতেই বসে আছি। দেখো ভালো
চাকরিও তো পেয়ে গেলাম। এবার তো আমরা বিয়ে করতেই পারি?
কিগো.. বলো কিছু........

সময় সন্ধ্যে সাতটা..একটা নির্জন কবরস্থান।

প্রিয়ার কবরটিতে মাথা ঠেকিয়ে বসে রাজ.......

ও নিয়ম করে প্রতিদিন এইভাবেই কিছুটা সময় কাটায় প্রিয়ার সাথে।

হ্যাঁ প্রিয়াও সব প্রশ্নের উত্তর দেয় ওর..হয়তো ওর কান অবধি সেগুলো পৌঁছোয় না।

বছর তিনেক আগে একটা দুর্ঘটনায় প্রাণ হারিয়েছিল প্রিয়া..অসুম্পূর্ণই থেকে গেলো ওদের ভালোবাসা আর ওদের কিছু স্বপ্ন।

অবশেষে রাজ ওর ফোনটা বের করে ওদের পুরনো রেকর্ড করা একটা গান চালায়। আর ও পুনরায় মাথাটা ঠেকায় কবরের ওপর.. ভীষণ ভাবে কেঁদে ওঠে..

ঝোড়ো হাওয়ায় দুলছে আশেপাশের গাছপালা..

আর ফোনে ধীরে ধীরে বেজে ওঠে গানটা.. দুজনের মিলিত গলায়..

"ওহে কি করিলে বলো পাইব তোমারে রাখিব আঁখিতে আঁখিতে"– কিছু কিছু সময় হয়তো মানুষ এতটাই দূরে চলে যায় যে কিছু করেই ফিরে পাওয়া সম্ভব হয়না তাদের। শুধু তাদের নিজের মতো করে পাওয়া যায় কেবল কল্পনায়।

আর এটাও সত্যি..কিছু ভালোবাসার হয়তো সমাপ্তি হয়না।

হাতে আঁকা গোলাপের ছবিটাকে রাজ একটা পাথর দিয়ে চাপা দিয়ে রাখে কবরের ওপর। ধীরে ধীরে ঝাপসা হয়ে আসছে সবকিছু। ভেঁজা গলায় গানটার বাকি লাইনগুলোতে গলা মেলায়..

"ওহে এত প্রেম আমি কোথা পাব নাথ..তোমারে হৃদয়ে রাখিতে".....।।

35. এবার তবে যাই

ঐ দেখো ঘড়ির কাটা ডাকছে বারংবার..
অপেক্ষায় আছে মুহূর্তগুলো সময় হলো যে যাবার..
ঐ দেখো উপকূলে রং বেরঙের ঢেউ..
অপেক্ষা করো তোমার জন্যও শামুক কুড়োচ্ছে কেউ..
যাওয়ার পথে অমন চাহনিতে থেকোনা প্রিয়তমা..
ওই দেখো হৃদয়ে স্পন্দনগুলো ঢাকছে যন্ত্রণা..
সময় হয়েছে তাই আমার এই উদ্দেশ্যহীন শপথ
আমি নিরুপায় পথিক হয়েছি আজ ব্যর্থ সকল পথ
ভাসিয়ে দেওয়া কাগজতরী ডুবছে ভাসছে তাই..
আর মায়া বাড়িও নাগো এবার তবে যাই..!
ঐ দেখো অলিগলিতে জমছে জলরাশি..
সেই পাড়াতে ভিড় জমেছে অচেনা প্রতিবেশী..
হাবুডুবু খাচ্ছ কেন সামান্য হাটুজলে..
পিছু ডেকোনা প্রিয়তমা কখনো মনের ভুলে..
নিকষ কালো অন্ধকারে ডুবেছে তারা হাজার..
মুখ ফিরিয়ে তাকাবোনা গো সময় হলো যে যাবার..
আরো একবার বলোনা হেসে.. পেতে চাও আমার ছোঁয়া
জ্বলে পুড়ে ছারখার হবো উড়বেনা কোনো ধোঁয়া..
ঐ দেখো ঝড় আঁচড়ে পড়ছে সাগরতীরে তাই..
আলিঙ্গন থেকে মুক্তি পেয়ে এবার তবে যাই..!
ঐ দেখো পথে রাধাচূড়া হয়েছে নতজানু..
ঐ আকাশের শুকতারাটা গুনছে পরমাণু..
স্বরচিত কাব্য তোমার কাঁচ বেয়ে নেমে আসে..
পরাজিত গল্প আমার ছড়িয়ে চারিপাশে..

তোমার আমার চেতনা যত পরিণতি পাবে এবার..
কড়া নাড়ছে ঋণের দালাল সময় হলো যে যাবার..
পিঁপড়ে দেখেছ কখনো? কেমন তড়পে তড়পে মরে?
আগুনে ঝাঁপ দিয়েছি তোমার পুরনো আঁতুড়ঘরে..
হাতটা এবার দাওগো ছেড়ে আমি পরিণত হতে চাই..
ভালো থেকো বলে গিঠঠু বেঁধ এবার তবে যাই..?
ঐ দেখো ঐ দেখো গাছেরা দুলছে কেমন হাওয়ায়..
তারাও হেসে সম্মতি দিয়ে জানাচ্ছে বিদায়..
ঐ দেখো কত প্রজাপতি মানাতে চাইছে তোমায়..
যাত্রা শুভ হোক না হোক যেতেই যে হবে আমায়..
কেনো তুমি এত বিলম্ব করছো দাওনা এবার আদেশ..
তোমাকে জগতে বিসর্জন দিয়ে হয়ে যাই নিরুদ্দেশ..
কিসের এত মায়া তোমার আমার শরীরের প্রতি..
আজীবন তো লাঞ্ছনা করেছো আজ কেনো এই পরিণতি?
ঐ দেখো প্রিয় খসছে তারা ; আবার বলোনা আমাকে চাই..
কিছু চাহিদা না পাওয়াই থাক, এবার তবে যাই..!
ঐ দেখো মরীচিকারা দিচ্ছে হাঁক তারাও অপেক্ষাতে
অবাক লাগছে খুব? ভালোবাসা পরাজিত মোহর খেলাতে..
ওই যে অদূর বালির শেষে চিকমিকে জলাশয়..
জানি লোভের বশে হারাবো ঘর তোমার আশ্রয়..
লোভে তো তুমিও বশীভূত আজীবন সাথে থাকার..
দেখো নিঃশব্দে বলছে সবাই সময় হলো যে যাবার..
এ কেমন আলো এসে চোখটা ধাঁধিয়ে দিল..
ধীরে ধীরে হচ্ছি আবিল..সবকিছু যেনো কালো..
ওহে প্রেম, দুচোখ মোছো..ভালোবেসে বিদায় জানাই..
ঐ দেখো তোমার ঠোঁটে বসছে মাছি, এবার তবে যাই....?
ঐ দেখো ঐ নদীর পাড়ে অমাবস্যার রাত..
শত কোটি মাছি উড়ছে অসহায়.. করছে প্রতিবাদ..
আজ আমাদের উঠোনে দেখো ভর্তি নোনাজল..

আজ সব্বাই এসেছে হঠাৎ ঝাঁপসা মফঃস্বল..
ঐ দেখো ঐ দেখো সেও এসেছে আমার প্রাক্তন প্রেমিকা..
চোখের কোণে জল জমেছে বিষণ্ণ অনামিকা..
জানিনা পথের গন্তব্য কোথায়..ফিরবো কিনা আবার..
থরথর কাঁপে শরীরগুলো সময় হলো যে যাবার..
ওহে প্রেম..চেয়ে দেখো..আজ শেষ দেখার দোহাই..
অভিমানী তুমি তাকালেনা আর..এবার তবে যাই !
ঐ দেখো আকাশ কালো জমছে কত মেঘরাশি..
হুঙ্কার করে ডাকছে আমায় এবার তবে আসি..?
আসি বলেও যাচ্ছি চলে এ আমি কেমন প্রতারক..
ঐ দেখো বৃষ্টি নামলো হঠাৎ ধুয়ে নাও সব শোক..
সেকি ! স্তব্ধ কেনো সব? ..সবাই মন খুলে কাঁদো..
আর তো কিছুই নেই করার..বৃথা ক্ষমতা আর সাধ্য..
ঐ দেখো সেও অপেক্ষাতে দরজার ছিটকিনি..
চলে গেলে আটকে নিও, বাইরে বিদ্যুৎ ঝলকানি..
শান্ত হবে প্রকৃতি আবার তুমিও বাঁচবে তাই..
দুর্যোগটাকে আপন করেই এবার তবে যাই....!
ঐ দেখো ঐ দেখো কত সাহিত্য মুছছে তোমার ঘাম..
ঐ দেখো কত কবিতায় ইতি তোমার নাম..
চিরঋণী আমি কৃতজ্ঞ থাকবো তোমার অশেষ দান..
ঐ দেখো আজ আকাশ আমায় করছে আহ্বান..
ওই যে জোনাকি দিনের আলোয় হারাচ্ছে নিজস্বতা..
সন্ধ্যে নামলে তোমার ঘরে তারা আনবে স্বাধীনতা..
ধূপের গন্ধে মুগ্ধ থেকো আমায় মনে পড়বে যতবার..
মন চাইবে ছুটে আসি..তবে, সময় হলো যে যাবার..
এ কোন মিছিলে সামিল হচ্ছি রাজনীতি অজানাই..
তোমার বৈশিষ্ট্য অমর থাকলো..এবার তবে যাই !
ঐ দেখো প্রিয় কাঁচের গাড়ি এটা কি ভ্রম নাকি সত্যিই..!
কারোরই অধিকার নেই ধরে রাখার..এই যাত্রাই বেছে নিই..

ঐ দেখো কেমন এক নিমেষে বদলে যাচ্ছে আবহাওয়া..
মুঠি আলগা করে বলো প্রণয়ের কাছে বিলাসিতা আসা-যাওয়া..
আরো একবার হাত নেড়ে বলো বিদায়বেলায় আমার..
তুমিও এবার বিদায় জানাও মুক্ত করো দ্বার..
আজ আমার কালযাত্রা, ছিটবে থই..কত মানুষের হইচই..
চিন্তা করোনা প্রিয় সব থই কুড়িয়ে নেবো..একদিন নিশ্চই..
এই স্রোতে তো ভাসতেই হবে কোনো কিনারা নেই তাই..
চোখ বুজে তুমিও শক্ত হও, এবার তবে যাই....!
ঐ দেখো কেমন জ্বলছি আমি তোমরা দেখছো দাড়িয়ে..
শেষবেলায় সেই তোমরাই আমায় নিজহাতে দিলে পুড়িয়ে?
কালের নিয়ম বড়ই জটিল সামান্য সৈন্য তুমি তার..
স্বাধীন আকাশ বাড়িয়েছে হাত, সময় হলো যে যাবার..
তুমি বলেছিলে আমি ভালোবাসি আমি কে বুঝলে তো তবে
"আমি" বদলাবো প্রেম স্থির.. আর তুমি অজুহাত হবে
অবশেষে সব ফাঁকা লাগছে তবে কি এটাই সুখ?
যারা এসেছিল সাথে একে একে সবাই ফিরিয়ে নিলো মুখ
যাক! অবশেষে তুমিও কাটিয়েছ মায়া নিশ্চিন্তে যাচ্ছি তাই
জ্বলন্ত কাঠ জাপটে ধরি আর কোনো বাঁধা নাই..
যত সাহিত্য, কৃষ্টি, অনুভূতি ছিল..ভালোবাসাও পুড়ে ছাই..
তোমার অস্তিত্ব বিসর্জন দিয়ে এবার তবে যাই (২)
এবার তবে যাই (২) ।।।।

৩৬. আমি তোর ক্ষণিকের প্রেমিক

এই কাব্যটা তোর হোক..ছন্দ গুলো আমারই থাকুক
জীবনটা হোক অস্তিত্বহীন..তোর থাক খানিক সুখ....
আমি পথ হয়ে চলে যাই..থেকে যাক গন্তব্য তোর..
প্রতিরাতে আমার বিষ স্নান..তোর ফুটুক নতুন ভোর....
আমি মিশে থাকি এই হাওয়ায়.. তোর হোক গোটা আকাশ..
শিল্পীর তুই অমর সৃষ্টি.. সৃষ্টিকর্তার জ্বলছে লাশ..
আমি নাহয় মহাসাগর..তুই বৃষ্টি রূপে ফিরে আসিস....
মৃত্যু হোক আমার তবু.. আমার কলমে শ্বাস নিস..
আমি যদিও বন্দি আজ..জানলায় দেখছি তোর প্রস্থান..
সুরে সুরে ভাসবো আমি..তুই সকলের প্রিয় গান....
তুই আমার মেঘলা আকাশ.. আমি নাহয় তোর প্রাক্তন..
দুচোখে তোর যেমন কাজল..আমার অস্তিত্ব সেই রকম....
তোর প্রশ্বাস থাকুক তোরই..আমি আছি হৃদস্পন্দনে..
বিয়ের সাজে অপরূপ তুই..আমি তোর ললাট চন্দনে....
আমি বইবো নদী হয়ে..মোহনায় তুই তুলবি ঢেউ..
আমি তোর ক্ষণিকের প্রেমিক.. শেষের পাতায় অন্যকেউ!

৩৭. বিদায় বন্ধু

এরপর আর কেহ বলিবেনা মোরে মন্দ......
আমি হাটিয়াছি অসমাপ্ত পথে,
জাগতিক সুখের বাহিয়ের জগতে,
বিদায় বন্ধু......
সব ভুলিয়া তুমিও একদিন হাসিবে আবারও..
ভুলিবে মোর গানের সুর হারিয়া ফেলিবে নুপুরও....
মাঝে মাঝে দুটি শ্যামল নয়ন ভিজিয়া উঠিবে নাহয়..
অন্য ডাকে ঘুরিয়া চাহিবে..অনুভূতি স্থায়ী নয়।
আমারই গানে.........
তোমার আজি আর মিলবেনা কোনো ছন্দ.......
কখনো চাহিবে রাতের আকাশে
অথবা খুঁজিবে নূতন মুখোশে
বিদায় বন্ধু ....
ঠিক আজিকের মতন থাকিবে তোমরা আরও কিছু রাত পরে..
করিবে যতন এই বাঁধানো ছবি, কিছু লেখা বাঁধিবে সুরে..
বিদায়বেলায় ত্যাগ করিবে মায়া মোহ ক্রোধ যত..
হয়তো কিছুটা ভালোবাসা রবে, সারিয়া উঠিবে ক্ষত..
আবারও সেইদিন, আসিবে নূতন দিন, উঠিবে সূয্যি সেবারও..
ঘুম ভাঙাবেই, সেই কোকিলেই, এমনি করেই আবারও..
চলিয়া যাইবো রইবে কিছু সুগন্ধ.......
আর কিছু সুর যা শুনিলেই
নয়ন কোণ ক্ষণিক ভাসাবেই
বিদায় বন্ধু.....
সাজিবে আবার তুমিও সেদিন সাজিয়া উঠিবে দ্বার..

আনুষ্ঠানিক সাঁঝে সাজিবে সবাই পূর্ণতা বাসনার..
মনে করিবে আমার গান, আমাকেও কিছুটা বোধহয়..
নিরবতা কাটিয়া ফেলিবে নিশ্চয়, স্মৃতি জমায়েত হৃদয়..
এইরকমই জ্বলবে তারা অন্তরে আজির মতন
এইরকমই ফুটবে হাসি বন্দরে আবার ও মন..
এইভাবে ঠিক বইবে হাওয়া.. সেইদিনও তব ছুঁয়ে যাবে
এইরকমই দিন পেরোবে মোর নিশান আবিল হবে।
মনের দুটি পাল্লা করিয়া ফেলো বন্ধ.......
শেষবার.. ঘুরিয়া চাহিলাম আবার
তবে আমি চলি, সময় হলো যে যাবার..
বিদায় বন্ধু.........
এরপর আর কেহ বলিবেনা মোরে মন্দ.......
আমি হাটিয়াছি অসমাপ্ত পথে,
জাগতিক সুখের বাহিয়ের জগতে,
বিদায় বন্ধু......

৩৪. আমি যেনো না ভুলি তোমারে!

সৌনক জানো..
প্রেমিকের নানা ধরনের সারপ্রাইজ, দামি উপহার,
অনেক খুশির জোয়ার।
এই সবকিছুতে কোথাও যেনো আজও তোমাকেই খুঁজে পেতে চাই।
প্রতিটা নিশ্বাসে সেই তুমি তুমি গন্ধটা আজও হারিয়ে যায়নি,
সেদিন ভেবেছিলাম হয়তো সেটা মুছে যাবে একদিন।
তোমার সেই অত্যাচার, ঝামেলার মধ্যেও
আজ মনে হয় যে আমি স্বাধীন আর যথেষ্ট ভালই ছিলাম সেদিন।
এত খুশি, আনন্দ আমি সইতে পারছিনা।
হয়তো অনেক সুখী আছি, তবু যে আমি তোমার অসুখেই আসক্ত।
নিজেকে অস্থির লাগে,
সব কাজ মিটিয়ে ভাবী এবার তোমাকে নিয়ে ভাবতে বসি।
তবে সেই ভাবার যে শেষ হতে চায়না।
তোমাকে মনে করে সারাদিন কাটানো সম্ভব নয় একদমই,
আবার তোমাকে ভুলে যাওয়াটাও যে সত্যিই সহজ নয়।
হ্যাঁ..সে পাখি এসেছিল, বলে গেছে..
আমি যেনো না ভুলি তোমারে!

৩৯. সবকিছু নাকি শেষ

দেওয়াল জুড়ে গাছ গাছড়া.. বট পাকুর ওঠে..
সেই দেওয়ালে চিন্হ তোমার.. যৌনতা জমা ঠোঁটে....
রাস্তা খোঁজে শব দেহকে.. খই ছেটানোর সুখ..
ভেঁজা হৃদয় অগ্নিশিখায়.. পুড়বে তোমার মুখ....
চন্দন দিয়ে সাজবে তুমি.. যেমন বিয়ের সাজ..
চিতার ওপর অঝোরে হঠাৎ.. বৃষ্টি নামবে আজ....
পানপাতা সরিয়ে সেদিন.. চোখে রেখেছিলে চোখ..
তুলসী পাতায় ঢাকা চোখে.. মুখটা ভাসে খুব....
গঙ্গার পাড়ে ঝিমিয়ে আসে.. সূর্যাস্তের রং..
তোমার চোখে হারিয়ে যাওয়া.. শতাধিক বিবরণ....
অস্তিত্বহীন তোমার নামে.. হৃদয় থাকবে রেশ..
গঙ্গা স্নানে বলবে সবাই.. সবকিছু নাকি শেষ....

40. তুমি করবেনা প্রতিবাদ!

যে উপন্যাস তোমায় জাগিয়ে রাখে রাত..
জানি তুমি তার করবেনা প্রতিবাদ..
কারণ তুমি দিয়েছো বিসর্জন, তোমার শরীর মন....
যার অপেক্ষায় তোমার চোখের জল..
তার জীবনে আনন্দ বহুতল..
সে মেতেছে অন্যজন, পরিচিত আলিঙ্গন....
শৃঙ্খলে আটকে পড়েছ তুমি..
ভুলে গেছো খোলা আকাশ ভূমি..
তবু দুর হতে আমি, আজও পথ দেখাই আগামীর....
জানিনা লড়বে কবে আবার..
স্বপ্ন আঁকড়ে ধরবে তোমার..
আমার চোখে চোখ রেখে দেখো, তোমার দুচোখ স্থির....
পুরনো তুমি কে বন্দি করেছো..
যত স্বপ্ন ছিল হারিয়ে ফেলেছো..
ফুরিয়ে আসছে সময়, গোটা পথ কন্টকময়....
তুমি বুঝেও বুঝবেনা জানি..
আমি একাকী হবো অভিমানী..
তুমি হেরে যাবে বোধহয়, আর আমি.... মিশে যাবো ধোঁয়াশায়....

41. প্রিন্সেপ ঘাট

ঝোড়ো হাওয়ার প্রিন্সেপ ঘাটে একাকী বসে সিগারেটটা ধরাতেই......
হঠাৎ মনে পড়ল..
তুই সেই নিজে হাতে বাছাই করা সবচাইতে সুন্দর গোলাপটা আমার
জন্য নিয়ে আসতিস ।
হমম.. আজ গোলাপ দিবস..
দেখনা কত প্রেমিক প্রেমিকা গোলাপ হাতে বসে রয়েছে ।
তাই হয়তো মনে পড়লো ।
এই জায়গাটা সাক্ষী আমাদের ভালোবাসার ।
তোর এক গাল হাসি নিয়ে আমার দিকে চেয়ে থাকাটা খুব মনে
পড়ে।
আচ্ছা.. এখনও কি অভ্যেসবশত প্রতি গোলাপ দিবসে আমার জন্য
একটা গোলাপ কিনে রাখিস ?
বাছাই করে ?
অভ্যেস না হয় বদলায়না ...
তবে আমার গোলাপগুলো অনভ্যাসে বেশিদিন জলে ভিজে বেঁচে
থাকতে পারছেনা ।
খুব শীঘ্রই সেগুলোও মরে যাবে !

42. আরও সহস্র রাত কেটে যাবে

আরও সহস্র রাত কেটে যাবে পৃথিবীর..
কোনো এক ভোরে তোমার দুচোখ স্থির..
অজান্তে উঠে যাবে অভিমানের প্রাচীর..
থাকবে তোমার উপহার ।
নির্জনতায় ভরা অবৈধ সমাজ..
নম্রতায় ভেজা সকালের সাজ..
সমাজের চোখের মিথ্যে লাজ..
দিয়েছো উপহার ।
দেখেছি আমিও বৈশাখীর দিন..
তোমার কবিতার অভ্যন্তরীন..
তোমার শহর আজও পরাধীন..
প্রেমিকের অনাচার ।
শেষ লেখা কোনো চিঠির মাশুল..
রাতের আকাশে গুনেছে ভুল..
পুরনো শরীরে মেখেছে ঝুল..
চিঠি ভিজে একাকার ।

43. সব প্রশ্নের উত্তর হয়না

মাঝরাস্তায়, ভরা সমাজে যখন বৈধতা এসে অবৈধতার চোখে আঙুল
তুলে প্রশ্ন করবে?
তখন তোমার নিজেকে দোষী মনে হবে।
নইলে তো আমিও পারতাম গোটা দুনিয়ার বিপরীতে গিয়ে
সম্পর্কটাকে মুক্ত করতে। সন্ধ্যাটাকে আরও ঝলমলে করে সাজাতে।
তোমার দুচোখে গর্বের সাথে চোখ রাখতে। আমিও পারতাম ।
অযথা কিছুদিনের অবৈধতাকে এত প্রশ্রয় দিতে হতনা। সবকিছু শেষ
হয়ে যাওয়ার অপেক্ষা করতে হতনা।
আর তুমি এখনতো আমারই আছো সব দিক দিয়ে। হয়তো
"আপাতত", দুজন দুজনকে ভালোবাসি বলেই আলাদা হওয়াটাকে হাসি
মুখে মেনে নিচ্ছি, দুজন দুজনের ভালো চেয়ে। তবে শেষবার যেদিন
তোমাকে ছোঁব, তোমার দেহে হাত বোলাবো, তোমার উষ্ণতা সেদিন
আমাকে সারা জীবনের জন্য তোমার কাছে রেখে দিতে চাইবে। কিন্তু
সেদিন আমিও থাকতে পারবোনা, আর তুমিও আটকাতে পারবেনা।
মৃদু হাসি হেসে চলে যেতেই হবে দুজনকে ।
যেদিন যেদিন তোমার শীৎকারে নিখোঁজ হয়েছি, হাজারো প্রশ্ন আমার
মনে খোঁজ করেছে।
একটা প্রশ্নেরও উত্তর নেই।
সব প্রশ্নের উত্তর হয়না, সেটা তুমি জানো লাবণ্য।

44. অবৈধতা

প্রথম যেদিন তোমার চোখের দৃষ্টি আমার চোখে এসে থেমে ছিল
বহুক্ষণ,
হাজারো সংলাপের ভিড়ে নিজেদের হারিয়ে ফেলেছিলাম..
সেইদিন কি স্বার্থ ছিল আমার অথবা তোমার?
অবৈধতার কোনো স্বার্থ হয়না , বুঝলে কাবেরি?
আজকের আমাদের জটিল সম্পর্কটার অস্তিত্ব খুঁজতে গিয়ে নিজেরাই
অস্তিত্বহীন হয়ে পড়ছি।
নিজেদের শহরে হাইওয়ে তে উস্রিঙ্খল প্রেম,
বৈধ সম্পর্ক, অনুভূতিহীন চুম্বন থাকা সত্ত্বেও ,
আমরা একটা গ্রাম্য ভাঙাচোরা রাস্তায় নিজেদের আকর্ষিত করছি।
যেখানে আছে এক ঝুড়ি ভালোবাসা আর যৌনতা।
যে রাস্তাটা শীঘ্রই শেষ হয়ে আসবে আর মিশে যাবে
....................................সেই হাইওয়ে এর সাথে ।।

45. লাস্ট সিন

"ভেঙ্গে দিলাম সব বাঁধা..
ভালোবাসা, বিদ্রোহ, চুম্বন ..
জীবনের প্রতি বাঁকে ধাঁধা..
মেজাজ, ইমোশান, হরমোন ..
যাক না চরিত্রহীন দেহ..
অভিমান, অভিযোগ, ক্ষত ..
থাকনা টেলিফোন আর মোহ..
অসহায়, কবিতায়, বিব্রত ..
ভুল বুঝুক আজ মন..
সন্দেহ, মৃতদেহ, বিশ্বাস..
থেকে যাক অবচেতন..
ফ্ল্যাশব্যাক, অভিনয়, বারোমাস..
স্বপ্নেরা ঝুলে থাক সীলিংয়ে..
আকাঙ্খা, অটোগ্রাফ, প্রিয়পেন
একাকী হেঁটে যাই রেলিংয়ে..
আনন্দ, পরিশ্রান্ত, শ্যাম্পেন..
জ্বলে যাক শত কারবার..
পদার্থ, প্রেমপত্র, লাল গোলাপ..
জীবন করে দিক ছারখার..
একাকিত্ব,অন্ধকার, অভিশাপ..
চলে যাক যে যাওয়ার..
নোনাজল, অ্যালকোহল, সুইসাইড..
ফাঁকা বাথরুম খোলা শাওয়ার..
পোড়া ফ্রেম, শেষ প্রেম,..জীবনের লাস্ট সিন হাইড !"

46. এখন তুমি পুরোই বিপরীত!

এলোমেলো স্মৃতি হাতড়ে রোজ
শূন্য হাতে বাড়ি ফিরে আসি
সহস্রদিকেও পাইনা তোমার খোঁজ
গোপনে আজও তোমায় ভালোবাসি।
শহরে সব পায়রা উড়ে গেছে
মনের শান্তি হঠাৎ নিরুদ্দেশ
উধাও তুমি, সুবাস মিশে আছে
কাঁটাতারে ঘেরাও আমার দেশ।
মনে পড়ছে তোমার পথের বাঁক
উষ্ণ ছোঁয়ায় স্বস্তি পেত শীত
তোমার অতীত আমার কাছেই থাক
এখন তুমি পুরোই বিপরীত!
আকাশ এখন ধ্রুবতারা হীন
গলা ভেজায় তপ্ত রঙিন জল
চাঁদ দেখার হারিয়েছে দূরবীন
জোছনা মুছে মেঘলা মফঃস্বল।
দুর সফরে রওয়া হলাম তবে
বিদায় জানিয়ে আটকে নিলে খিল
ভ্রমণ আমায় আপন করে নেবে
ফিরে আসার রাস্তাটা জটিল।
সদ্যজাত ইচ্ছেগুলো মৃত
হাজার হাজার গল্প লিখি রোজ

তোমার চাদরে আটকে গেছে শীত-ও
আত্মা করে মৃতদেহের খোঁজ।
ট্রেনের কামরা দুলছে ভীষণ জোর
শূন্যতা মাখা হাতল গুলো সব
একলা ভ্রমণ সঙ্গে অতীত তোর
অন্তর্বর্তী ভীষণ কলরব।
আদর জানে দূরত্বের কষ্ট
একাকীত্বে ছড়িয়েছে আফিন
পাশ কাটিয়ে চলাচল স্পষ্ট
আমার জগৎ লিপ্ত এই কফিন।
এই জগতে বাতাস পাইনা ছুঁতে
নিরবতা আজ সঙ্গী হলো তাই
শূন্যতা নিয়ে সবাই একলা মাতে
তোমায় ফেলে এবার তবে যাই!

47. আমার আপন বলে

দ্যাখো আমি কেমন সুন্দর একলা যাচ্ছি চলে
হয়তো কেউ জন্মায়নি জানো, আমার আপন বলে।
এত কিছু সৃষ্টি করেও, ক্যানভাস বড্ড ফাঁকা লাগে
শিল্প খেলায় দৌড়চ্ছে সবাই, সবার আগে-ভাগে।
গোটা বাড়িতে আপন সেজে, পারিবারিক স্বর
তবু শিল্পীরা কি একাই মরে? একলা হয় ঘর?
আমি চৌকাঠ হারিয়ে ফেলবো আবার সন্ধ্যা হলে
কেউ কখনও ডাকেনি জানো, আমায় আপন বলে!
কিগো তুমি যাচ্ছো কোথায়? কি হলো! নিরব কেন?
আসলে আমার আপন এই শরীরটাও নয় জানো!
লক্ষ ভিড়ে কয়েকটা দেহ আপন লেগেছিল বেশ
আমি তো সেদিন ভুলেছি বটে, আমার একলা মহাদেশ।
কে বলেছে আমি একলা বাঁচি, জীবন বিস্ময় রাতে
একাকীত্ব চোখে ভিড় করে আসে, নানান অজুহাতে।
প্রদীপ জ্বেলে এসেছি হয়তো, ফিরবো নিজেই জ্বলে
এই জগতে কেউ নেই জানো, আমার আপন বলে!
ভালোবাসা প্রেম একতরফা সব, নিঃস্ব জীবন জুড়ে
কষ্টগুলোও একলা হেঁটে আমায় জড়িয়ে ধরে।
তুমি কাকে খুঁজছো বলো তো, এমন ঘুরে ঘুরে
ভুলে গেলে? সব তো হারিয়েছ তুমিও, ছন্দ হয়নি সুরে।
হারাবে আর কি এখানে কিছুই তোমার নয়
শান্ত্বনা পেয়েও হঠাৎ করেই ভীষণ লাগে ভয়।
আজকে হঠাৎ ঝিঝির ডাকে রাতের আকাশ বলে
তোর জীবনে কিছু নেই রে আপন মানুষ বলে!

আগেও কত বলেছিলাম না? সৃষ্টি করো কিছু
সৃষ্টির দেহ অমর হয়, টানেনা কেউ পিছু।
সৃষ্টি করেই অহংকারে ডুবলে, তল পেলেনা আর
সৃষ্টিকর্তাও মৃত্যু দ্যাখে, আজ করে নাও অহংকার।
গলা ভেজে রোজ গড়লে হিসেব কিচ্ছু নেই
তুমিও বাঁচতে শিখবে আবার, কষ্ট পাবে যেই।
শেষ সঙ্গীও হারিয়ে যাবে খুব অন্ধকার হলে
আপন বলে কেউ নেই তোর, ছায়াও গেলো বলে!
হারতে শেখো গড়তে শিখবে, হয়নি কোনো ক্ষতি
মরার কারোর ইচ্ছেই নেই, শুধু বাঁচার গাফিলতি।
সুখের মুখ দেখেছি আমিও অল্প কিছু দিন
বারুদময় হৃদয় আমার, জীবন গোলাপহীন।
সুখের জীবনে কিচ্ছু নেই গো, কোনো ছন্দ মেলেনা
করতালি শুনি, সব্বাই এসেছে। কেন তুমিই এলেনা?
শিল্পী বানিয়ে হৃদয়টাকে পাষাণ করে দিলে
শিল্প ছাড়া কেউ নেই জানো, আমার আপন বলে।
জলের নীচে তাকিয়ে দ্যাখো, ছোট্ট শহরটাকে
বড়ো হওয়ার লোভে অবুঝ হয়ে, হারিয়ে ফেলেছ যাকে।
ছোট্ট সেই ঘরটার খুব সবাই নিত খোঁজ
স্বাধীন হয়েও আজকে দ্যাখো, একলা বাঁচি রোজ।
ওরে কবি আর লিখবি কত? কষ্ট হয়না বুঝি?
কাঁদনা একটু একলা বসে, আমিও আপন মানুষ খুঁজি!
আমি হাসিমুখে নিরবে গোপনে কষ্ট লিখি বলে
লেখাগুলো কেউ মুছতে এলোনা, আমায় আপন বলে!
পড়তে বুঝি কষ্ট হয়? নাকি ভালোই লাগে বেশ?
তোমাদের মন বুঝিনি এখনও, কলমের কালি শেষ।
কালপুরুষ তুমি লড়াই শেখাও, আমি হাফিয়েছি এইবার
আমার তো কোনও অস্ত্র নেই, এই কলমেও নেই ধার!
প্রশ্ন যদি করি কখনও কেন হয়ে যাও সব চুপ?

এই জীবন কি খেলা কোনও? নাকি যুদ্ধের কোনো রূপ?
ব্যথার অনলে পুড়তে পুড়তে হঠাৎ দৌড়ে এলে
মৃত্যু গিলে ডাকলেনা তুমিও, আমায় আপন বলে!
দর্শক কত ভিড় করে রোজ, আমার জড়িয়ে আসে ঠোঁট
ছোট্ট ব্যথাকে তুচ্ছ করে, বৃহত্তর চোট!
তোমরা বুঝি আপন সাজো আমার? আমি একলা তাই
আপন হওয়ার সংজ্ঞা কঠিন, শোনাবার কিছু নাই।
সবাই কণ্ঠ ছেড়ে কবিতা শোনাও এই নরকের কবি-টাকে
বক্তৃতাগুলো বৃদ্ধ করে, মনের মানুষটাকে!
মনেই রেখেছি একটা শরীর, এই জন্মের মায়া ভুলে
পরেরবারও থাকবেনা কেউ, আমার আপন বলে।
লেখাগুলোকে জ্বালাবো রোজ কমবে খানিক আঁধার
মুখে হাসি নিয়ে সামনে দাঁড়াই, সম্মোহিত বাঁধার!
এক টুকরো জীবন পেয়ে তোমরা, এত ক্ষুধার্থ কেনো?
স্বর্গদ্বারে যদি হিসেব না মেলে, আমাকেও ডেকে এনো।
জন্ম মৃত্যুর মাঝ বরাবর, তুমি আমি এখানেই
পরিযায়ী হয়ে ঘুরছি শুধু একবারও দেখা নেই!
দেখা হলেই বা চিনবে কিভাবে? মানুষও খোলস খোলে
এবার, মানতে শেখো কেউ নেই প্রিয়, তোমার আপন বলে!
তোমার জন্য পাতায় পাতায় কষ্ট রেখেছি তুলে..
এই জগতে কেউ নেই জানো, আমার আপন বলে!

44. ভাল্লাগে না

আমার আর ভাল্লাগে না জানো
লিখতে পারিনা আগের মত আর
শুরু হলে ধুন কাটিয়ে দিও প্লিজ
বিশ্ব জুড়ে যুদ্ধ তৃতীয়বার!
নইলে যদি সব্বাই প্রেমিক হয়
গণতন্ত্র নয়, ভালোবাসায় যদি জেতে
নারীদের মন তোলপাড় হবে ফের
প্রেমিকা তারাও বাধ্য হবে হতে।
কি যে বলি আমি, তুমিও বোঝোনা
জীবনের মানে শুধু যুদ্ধ আর ভালোবাসা
আর কিছুরই কদর নেইগো তেমন
একদিন তুমিও হারবে খেলে পাশা।
কুরুক্ষেত্র কি আদেও যুদ্ধ ছিল?
আর তাজমহলে ঠিক প্রেম ছিল কি?
আমারও তো কত প্রশ্ন করার ছিল
একটারও কেউ উত্তর দিলো কি?
সত্যিই লিখতে ভাল্লাগেনা আর
তবু লিখতে বসি অভ্যেস মনে করে
তোমাদের প্রেমিক হবার অপেক্ষায় রাত জাগি
অথবা যদি যুদ্ধ লাগে ভোরে!
জীবনের প্রতি পদক্ষেপেই ফাঁড়া
তাই বলে কি থাকলে হবে দাড়িয়ে?
অনেক পরে বুঝতে শিখে গেলাম
যুদ্ধ আর প্রেমে রাজনীতিও জড়িয়ে।

আসল ভুল কি সৃষ্টিকর্তার ছিল?
প্রতি প্রজন্মে মানুষের ছিল কি?
আমারও তো কত কবিতা লেখার ছিল
ছন্দ, বর্ণ কেউ শিখিয়ে দিল কি?
আসলে তবে ভুলটা ছিল কার?
এই অবস্থা কেমন করে হলো?
কলিযুগের দোষ কি ঠিক তবে?
নাকি এসব স্বেতা যুগেও ছিল?
সমাজ বলে কিছুই হয়না জানো
নকশা এঁকেই বদলে দেওয়া যায়
শিরদাঁড়ার জোরে আগেও চলতো সব
এখনও সবই তেমন করেই হয়।
এই সমাজে ভাল্লাগেনা আর
সমাজ <u>বলে</u>সত্যি হয় কি কিছু?
প্রশ্ন রেখে গেলাম সমাজ কাকে বলে
উত্তর পেলে নিওনা আমার পিছু।
ভাল্লাগেনা বারবার জন্ম নিতে
মৃত্যুতেই বেশ শান্তি পাওয়া যায়
আসতে যদিও উত্তেজনা জানি
তবে অলস সেজেই নিশ্চিন্তে যাওয়া যায়।

49. দূরপাল্লার গাড়ি

আমায় ছাড়া প্রস্তুতি নাও থাকার

অভ্যেস করো একলা আতর মাখার

একটুখানি চেষ্টা করে নিও

আমায় অনুমতিটুকু দিও

ভালো থেকো প্রিয়।।

জানি তোমার অভ্যেস নেই একলা ঘরে শোবার

জানি আমার সুযোগ হবেনা আরেকটিবার ছোঁবার

তুমি ঠিক মত খেও খাবার

আমি যাচ্ছি তবে এবার।

সময় হলো যাবার আমার দূরপাল্লার গাড়ি

আমার হয়েছে অনেক দেরি

এবার তোমার সাথে আরি।

ইস্টেশনে অন্ধকার আমার একলা লাগে ভারী

আমায় ভুলে যেও তাড়াতাড়ি

আমার অনেক দূরে বাড়ি।

কাঠের ঝুড়িতে রান্নাঘরে শুকিয়েছে তরকারি

আমার অভিযোগ দরকারি

বাজারের ব্যাগটা ভীষণ ভারী।

তোমার আমার বদ্ধ ঘরের জানলা খুলে দিও

খুব বড়জোর দু সপ্তাহ চোখ দুটো ভিজিও

আমার গীটারটা খুব প্রিয়

তুমি মন ভরে বাজিও

ভালো থেকো প্রিয়।।

50. ভাবতে পারিনি

আমি প্রচুর মানুষকে হাসিমুখে দূরে ঠেলেছি
আবার তোমার হাত ধরার সখ মুছে ফেলেছি।
কত অসহায় রাতে তেজী চোখে কত বিদায় বলেছি..
শুধু তোমায় বিদায় দিতে হবে ভাবতে পারিনি।
আমি জিততে পারিনি,
হার কখনই মানিনি
শুধু তোমায় হারাবো নিঃশব্দ ঝড়ে,
আমি ভাবতে পারিনি।
মোমের আলোয় পথ দেখেছি, দূরে তুমিও নিরুদ্দেশ
তবু তোমায় খুঁজে যাওয়া, আমার বাজে অভ্যেস।
আমি অনেক হেঁটেছি, ঘুরে ঘুরে এসেছি
তোমাকে শুধু শেষবার আমি স্বপ্নেই দেখেছি।
আগুন নিয়ে খেলার সময় হাসতেও ভুলিনি
বুকে ঝড় উঠে কত থেমে গেছে, মুখে কিছুই বলিনি।
জীবনের সব রাস্তায় মুখ থুবড়ে পড়েছি
তোমার হাত ধরে ওঠার স্বপ্ন দেখেছি।
কত স্বপ্ন ভাঙাচোরা রাতে গল্প লিখেছি
তোমার আমার স্বপ্ন হারাবো, আমি ভাবতেও পারিনি।
আমি শহর ঘুরেছি, একা একাই জোড়া পায়ে
তোমার স্নানাগারে বসে থেকেছি খালি গায়ে।
আমার ঝাপসা দুটো চোখ, নাকি শহর অবসাদে
আমি কেবল কেঁদে উঠি, নাকি শহর রাতে কাঁদে।
সারাজীবন কত স্বপ্ন আমি দুচোখে এঁকেছি
সব স্বপ্নের শেষে একলা বসে তোমাকেও দেখেছি

তুমি ছাড়া কোনো স্বপ্নে আমি কাউকে রাখিনি
শুধু তোমার চলে যাওয়ার কোনো স্বপ্ন দেখিনি।
আমি বহুবার পুড়ে গেছি, তোমার আগুনেও পুড়েছি
শুধু তোমায় পোড়াতে হবে কখনও, আমি ভাবতে পারিনি।
আমি বাঁচার আকুতি করেছি, আমি হাল ছাড়িনি
তোমার ছেড়ে আসতে হবে আমি ভাবতে পারিনি।

51. দুজনই

তারা বেয়ে যদি ছুঁয়ে পড়ে হঠাৎ
ভালোবাসা সব স্মৃতিদের জড়ো করে
আশেপাশে সব ভাঙন ধরা মন
তোমার আমার স্বপ্ন ভাঙা ভোরে।
তখন আমি নেই গো পাশে তোমার
কালপুরুষের সঙ্গে লড়ছি হেসে
বারা ভাতে ঝাঁপ মেরেছে মাছি
আর খেকোনা আমার জন্য বসে।
আমার জন্য আয়োজন করছো কেন
এত আলোয় অস্থির লাগে আমার
সুগন্ধি ছড়িয়ে আর কি বোঝাতে চাও?
জীবন গল্পে সন্ধ্যে হয়েছে তোমার?
তোমার এলাকায় রাত্রি হয়েছে বলে
স্টেশনের ধারে রিকশা স্ট্যান্ডটা ফাঁকা
পায়ে হেঁটেও ব্যর্থ ঘরে ফেরা
আমার শরীর অজস্র ক্লান্তি মাখা।
তোমার ক্ষত শুকিয়ে দেবো বলে
ছুটছি আমিও অনুচক্রিকা সেজে
রক্ত স্রোতে স্বপ্ন ভেসে যাক
ক্লান্ত দু-পা তোমার জন্য ভেজে।
খুঁজে পায়নি আজও আমার মন
তোমার বুকের মাঝ বরাবর তিল
আমি কেবল স্বপ্ন খুঁজে গেছি
সেই বাহানায় শুকিয়ে গেছে ঝিল।

শূন্য শোকেসে শুন্যতা জড়ো করি
কৌতুহল নিয়ে তোমায় দেখাবো তাই
ব্রহ্মাণ্ডের সব ছড়িয়ে থাকা ধুলোয়
আমিও পারি লিখতে তোমায় চাই।
শক্ত করে ধরলে সেদিন হাত
আঙুলগুলোকে জিজ্ঞেস করে নিও
পাঁচটা আঙুলে তো চারটে বড় ফাঁক
রয়েছি কি আমি? নাকি অন্যকেউ?
ফেটে যাওয়া ঠোঁট, শুকনো আমার ঘর
শুকনো সবই, কিছুই ভেজেনি
শাওয়ার খুলেই ভাবলে ভিজে গেলে
শুকনো হৃদয়ে বাঁচছি দুজনই।

52. নকল

তুমি যদি গল্প হতে কোনো
মোমের আলোয় লুকিয়ে পড়ে নিতাম
আঁধার কখনও ঘনিয়ে এলে চোখে
প্রতিটা পাতায় স্পর্শ বুঝিয়ে দিতাম।
তুমি যদি প্রেমের বানান হতে
লিখতে গিয়ে নকশা এঁকে দিতাম
হৃদয়ের মত চিন্হ এঁকে খাতায়
হৃদয়ে তোমার আলতো করে ছুঁতাম।
আবার যদি বৃষ্টি হতে তুমি
চাতক হতাম নিঃস্ব মরুচরে
ঝরতে যদি অনেক দূরে কোথাও
ছুটে যেতাম ভিজতে কোনো ভোরে ।
একটু হেসে ভাসিয়ে দিতাম জীবন
পান করে নিতাম আটখানা আহ্লাদে
মৃত্যু সুখেই শান্তি হতো কত
যদি তুমি বিষের বোতল হতে।
যদি তুমি অমাবস্যার রাত হতে
জোনাকি হয়ে ছুঁয়ে যেতাম তোমায়
ঝিঁঝির সাথে দ্বন্দ্ব হতো খানিক
তোমায় কেনো একলা গল্প শোনায়?
তুমি যদি আগুনের আঁচ হতে
শীতের রাতে সঙ্গী হতাম বসে
পুড়িয়ে দিলেও রাগ হতোনা মোটেই
চলতো জীবন পাথরে পাথর ঘোষে।

তুমি যদি গিটারের তার হতে
পেকট্রাম হয়ে জন্ম নিতাম আবার
সুরেলা সৃষ্টি তোমার সঙ্গে হতো
পারতে ছেড়ে থাকতে তখন আমায়?
লিখতে লিখতে ফুরিয়ে দিতাম তোমায়?
নাকি যত্ন করে বয়ে বেড়াতাম হাতে?
নিজের নামের বানান সঠিক হতো
তুমি যদি কলমের কালি হতে।
তবুও বুকে রাখতে পারতাম না
এক নিমেষেই আবার পালিয়ে যেতে
টানতে তখন ভয় পেতোনা শরীর
যদি তুমি সিগারেটের ধোঁয়া হতে।
খানিক হাসি মানুষ হয়েছো বলে
আটকে রাখার বাহানা ব্যর্থ সকল
অল্প হলেও পাইনা কখনও তোমায়
মানবরূপী ভালোবাসা সব নকল!

53. যাচ্ছেতাই

তোমার শরীর জুড়ে তৃষ্ণা এখন
অচেনা গন্ধ কেন ছুটছে ভীষণ
উভয় ওষ্ঠ যুগলের যুদ্ধ
ঘর জুড়ে শব্দ দূষণ।
নিরবতা মাখা লেপ চাদরের গায়ে
তৃপ্ত শেষ চুমুক চিনি ছাড়া চায়ে
অবেলায় ভুল গুলো সুধরে নিও
ঘুণ ধরে যাচ্ছে হৃদয়ে..!
নেই তোমার কাজল চোখে হাসিটা
আছে ক্লান্ত দুপুর নেই বাঁশিটা
নেই হঠাৎ আলিঙ্গনে শিহরণ
এই শহরে বিচ্ছেদের আয়োজন
সেই বিবেক তোমার জানি যাচ্ছেতাই!
তুমি অজান্তে পর হয়ে যাচ্ছ তাই।
আমি কি ভুল করেছি প্লিজ বলোনা?
এখন কি আর ভালো লাগেনা। আমায়!

Once you come to in my dreams
And take me to the sky
Please let me know you are......
Still in my life!

কত মানুষের ছড়াছড়ি নিত্য নতুন
তুমি এলোমেলো ভালোবাসো তাদের মতন

সব আদব কায়দা শিখে নিলে তুমিও
ছাড়লেনা সেই আবরণ!
নিরবে নষ্ট রাতে আকাশের গায়ে
রোজ প্রেমের নকশা কেউ এঁকে দিয়ে যায়
তুমি আঁধারে হাতদুটো ধরলেনা ভয়ে
তাই আমায় স্বপ্ন ছিঁড়ে খাচ্ছে হায়!
নেই আমাদের সেই গড়া সংসার
এই চোরা স্রোতে ভেসে সব ছারখার
নেই প্রিয় গানে তোমার ঐ উচ্ছাস
হঠাৎ শূন্য কেন আশ পাশ
সেই বিবেক তোমার জানি যাচ্ছেতাই!
তুমি অজান্তে পর হয়ে যাচ্ছ তাই।
আমি কি ভুল করেছি প্লিজ বলোনা?
এখন কি আর ভালো লাগেনা। আমায়!
সেই বিবেক তোমার জানি যাচ্ছেতাই!
তুমি অজান্তে পর হয়ে যাচ্ছ তাই।

54. বুঝলেনা কেউ আমায়

হয়তো হেরে যাবো তোমাদের কথা মত
হারতে হারতে তবুও জয়গান গেয়ে যাবো।
বুঝলেনা কেউ আমায়, তোমরা ভেসেছো সময়ে
তুমিও নিরব হলে।
এই মৃতদেহ বাঁচতে চায়, আবার সন্ধ্যা হলে।
ভেসে আসে মৃত সুর বাঁচার আর্জি তুলে।
চলে যাওয়ার পথ শেষ হলো সব..
বুঝলেনা কেউ এই হৃদয়ের কলরব।

আমার দুটো চোখ স্বপ্ন দেখেছে শুধু, দেখেনি তোমাদের সাধারণ
ক্ষুধা,
আমার দুটো হাত পারেনি ছুঁতে আকাশ, পা টেনে ধরেছে চাহিদা।
আমার ভালো লাগেনা, দশটা-পাঁচটার গল্পদের
আমার ইচ্ছে জাগেনা, সাধারণ জীবন যাপনের।
বুঝলেনা কেউ আমায়, তোমরা ভেসেছো সময়ে
তুমিও নিরব হলে।
এই মৃতদেহ বাঁচতে চায়, আবার সন্ধ্যা হলে।
ভেসে আসে মৃত সুর বাঁচার আর্জি তুলে।
চলে যাওয়ার পথ শেষ হলো সব..
বুঝলেনা কেউ এই হৃদয়ের কলরব।

---

৫৫. আজ বছর দশেক পরে

আজ বছর দশেক পরে
তুমি তেমনই রয়েছ শুধু
চোখ মেলেছি নতুন করে..
তবু চিনতে পারিনি তোমায়!
আজ হয়তো অনেক দূরে..
তুমি রয়েছ কাছেই তবু
দেখি যতই দুচোখ ভরে..
তুমি বদলে ফেলেছো আমায়! (২)
ও ও ও সময়.. টেনে নিয়ে যায়.. তোমায়.. আর আমায়..
আর খুঁজে পাইনা সেই হারানো সময়!
এখন আমার রাস্তা একার নির্বাক গোলাপফুল
মনেহয় তুমি বলছো এসে হ্যাঁ তোমারি ছিল ভুল
এভাবে তুমি যাবে চলে এত কাঁদিয়ে ভাবিনি..
ফিরবেনা কখনও সারাটা জীবন আমি বুঝেও বুঝিনি! (২)

হাওয়ায় হাওয়ায় তোমার সুবাস ভরে যায় ঘরময়..
এই বুঝি কখনও তুমি এলে হৃদয় জোছনায়..
তোমার সেই পাগলামিতে খুঁজে পাই স্বর্গের সুখ..
বলো এবার থাকবেতো সাথে কেন ছলনা অহেতুক!
হয়তো তুমি বসলে পাশে আশ্বাস ভরা এক হাসি
বলছো বোধহয় আদুরে ছোঁয়ায় আজীবন ভালোবাসি
বুঝিনি কখনও সবই যে স্বপ্ন দেখেছি তোমায় নিয়ে
পুরনো ঠিকানায় খুঁজি তোমাকে তুমি যাও মায়া বাড়িয়ে
- এভাবে তুমি যাবে চলে এত কাঁদিয়ে ভাবিনি..

ফিরবেনা কখনও সারাটা জীবন আমি বুঝেও বুঝিনি। (৪)

আজ বছর দশেক পরে

তুমি তেমনই রয়েছ শুধু

চোখ মেলেছি নতুন করে..

তবু চিনতে পারিনি তোমায়!

আজ হয়তো অনেক দূরে..

তুমি রয়েছ কাছেই তবু

দেখি যতই দুচোখ ভরে..

তুমি বদলে ফেলেছো আমায়!

◌ঃলেখকের অন্যান্য বইঃ

- বিষপ্রেম রচনা

- দেখা হবে সেই পথেই

- কবি'-র মানে

- কোথায় রে তোরা

- মনুষ্য হও

- প্রেমিক বসন্ত

www.ingramcontent.com/pod-product-compliance
Lightning Source LLC
Chambersburg PA
CBHW031311130726

47988CB00007B/2793